ÉTUDE
SUR LES
CAVALERIES ÉTRANGÈRES
PREMIÈRE PARTIE
CAVALERIE ANGLAISE.

PAR UN OFFICIER DE CAVALERIE

PARIS
LIBRAIRIE MILITAIRE
J. DUMAINE, LIBRAIRE-ÉDITEUR DE L'EMPEREUR
Rue et Passage Dauphine, 30.
DÉCEMBRE 1862

ÉTUDE

sur les

CAVALERIES ÉTRANGÈRES.

IMPRIMERIE DE COSSE ET J. DUMAINE, RUE CHRISTINE, 2.

ÉTUDE

SUR LES

CAVALERIES ÉTRANGÈRES

PREMIÈRE PARTIE.

CAVALERIE ANGLAISE.

PAR UN OFFICIER DE CAVALERIE.

PARIS
LIBRAIRIE MILITAIRE
J. DUMAINE, LIBRAIRE-ÉDITEUR DE L'EMPEREUR,
Rue et Passage Dauphine, 30.

1862

PRÉFACE.

Dans le cours de mes études sur la cavalerie, je pris connaissance d'une petite brochure extraite du *Spectateur militaire*, ayant pour titre : *Évolutions des cavaleries étrangères*, par le duc d'Elchingen, lieutenant-colonel au 5° dragons; j'y lus ce qui suit :

« Il est incontestable que depuis quelques années notre
« cavalerie est en progrès. . . . .
« . . . . . Pour obtenir des résultats satisfaisants et
« complets, on ne saurait réunir trop d'éléments de dis-
« cussion. Il ne suffit pas d'examiner les différentes modi-
« fications qui ont été proposées ou d'étudier le passé.
« En général, presque tous les officiers qui ont traité
« des questions de tactique de cavalerie ont jeté les yeux
« sur les anciens auteurs depuis Xénophon jusqu'à Mel-
« fort; les contemporains ont été laissés de côté. *Cepen-*
« *dant de magnifiques et nombreuses cavaleries manœu-*
« *vrent à nos frontières. Si nous faisons la guerre un jour,*

« *nous les aurons devant nous ou à côté de nous : n'y a-t-il*
« *pas un grand intérêt à étudier leurs mouvements ?* . . .

« Je me proposais de faire un travail complet sur ce
« sujet, si important selon moi; mais d'autres occupations
« et des difficultés réelles s'y sont opposées.

« . . . . . Je donne ici le résumé, comme spécimen de
« l'étude qu'il serait, je crois, utile de faire en ce genre.
« Je ne m'occupe que des évolutions comparées aux nô-
« tres ; mais que de choses curieuses et intéressantes on
« trouverait aussi pour l'instruction individuelle et le
« dressage des chevaux ! que de fruit on retirerait d'un
« voyage militaire à l'étranger, non pour assister seule-
« ment à de grandes manœuvres, mais pour suivre avec
« soin l'instruction dans ses détails ! . . . . »

Ces mots, précédant l'analyse rapide des évolutions de régiment de l'ordonnance anglaise du 30 janvier 1833, m'inspirèrent l'idée d'entreprendre un travail plus complet que celui de l'auteur de la brochure : *travail très-important, mais que des occupations et des difficultés lui avaient fait abandonner,* et je traduisis l'ordonnance de cavalerie anglaise, afin de me rendre nettement compte des nuances qui pouvaient la faire différer de la nôtre.

J'aurais bien préféré (comme le conseille l'auteur) aller étudier sur les lieux ces nuances dans tous leurs détails pratiques ; j'en aurais certainement retiré plus de fruit : mais, comme des difficultés sérieuses s'opposaient à un déplacement semblable, je me bornai à l'étude de la théorie.

J'avais terminé depuis quelques années ce travail fait dans un but tout personnel, et je ne pensais nullement à le publier, lorsque les circonstances m'amenèrent à assister successivement aux grandes manœuvres des camps de Lunéville et de Châlons.

A ces écoles de haute pratique, complétant mon instruction militaire, j'assistai à des expériences de tir sur la cavalerie qui semblèrent assez concluantes à beaucoup de personnes pour qu'elles se crussent en droit de condamner d'autorité l'importance de cette arme. Depuis quelque temps, d'ailleurs, le perfectionnement des armes à feu et les dernières guerres, où malheureusement la cavalerie avait été peu employée, avaient contribué à donner une certaine apparence de vérité à ces opinions.

Cependant, non-seulement par esprit de corps, mais surtout par une conviction profonde et basée sur des raisons sérieuses (selon moi), je ne cessais de protester contre ces jugements si injustes envers l'arme dont j'ai l'honneur de faire partie, et je voulus enfin livrer à l'examen du public le travail que j'avais fait pour moi seul.

Cette publication devait, en outre, me servir de prétexte pour émettre sur la cavalerie toutes mes idées : car mon intention était de faire ressortir les causes qui la maintiennent dans un état d'infériorité relative par rapport aux autres armes, et en même temps d'expliquer à mon point de vue son importance et son rôle dans la tactique nouvelle; désireux de m'opposer ainsi de toutes mes forces à des attaques que je trouvais mal fondées et qui, dans tous les cas, ne devaient pas rester sans riposte.

INTRODUCTION.

A quoi sert la cavalerie?

Pourquoi entretenir au prix de sacrifices énormes une cavalerie si nombreuse?

Depuis que les armes à feu ont atteint une portée si grande et une justesse de tir si perfectionnée, l'utilité de la cavalerie devient presque nulle !

Il faut supprimer la cavalerie !

Voilà les pensées qui se produisent chaque jour depuis quelque temps, et malheureusement des personnes qui, par leur savoir et leur intelligence, ont conquis dans les autres armes une position qui donne une grande portée à leurs paroles, contribuent à généraliser ces idées et à leur donner une apparence de justesse et de vérité.

Nous-mêmes, *cavaliers*, indifférents (pourrait-on croire) à la critique, nous laissons le champ libre à nos détracteurs, et nous donnons ainsi à leurs attaques une sorte d'autorité légitime.

Or, si nos adversaires ont tort de dire que la cavalerie est devenue presque inutile, et qu'il faut sinon la supprimer tout au moins la diminuer, ils ont raison quand ils nous accusent d'être faibles et retardataires.

En effet, jetons un coup d'œil sur les trente années qui viennent de s'écouler depuis l'époque où s'est fait le remaniement de l'ordonnance de cavalerie sous le régime de laquelle nous sommes encore aujourd'hui.

Prenons les trois armes : infanterie, artillerie et cavalerie.

Que s'est-il passé?

L'*infanterie*, arme modeste, travailleuse et dévouée, a changé son habillement, son équipement; a pris des armes perfectionnées et à longue portée, et a modifié sa manière de manœuvrer et de combattre; enfin elle a revisé presque entièrement sa théorie.

L'*artillerie*, l'arme intelligente par excellence, est allée bien plus loin encore : elle a changé complétement son ancien matériel, pour recevoir de la haute sollicitude de S. M. l'Empereur cet admirable matériel d'artillerie qui a si largement contribué à la gloire de nos armes dans la dernière campagne d'Italie. Ses établissements sont les plus beaux de l'Europe et, chaque jour, elle cherche à se perfectionner encore.

La *cavalerie*, l'arme noble et chevaleresque, pendant que les deux autres armes, ses sœurs et ses émules, s'avançaient à si grands pas dans la voie du progrès, qu'a-t-elle fait?

Hélas ! elle a effectué de bien faibles réformes.

Pour l'armement, elle a obtenu d'échanger le mousqueton (qui n'était pas une arme), contre le fusil dit *fusil rayé de dragon*.

C'est un demi-progrès; car cette arme est encore une des plus imparfaites que nous ayons. La cavalerie, dira-t-on, n'a pas besoin d'armes précises et à longue portée; l'opinion devrait être contraire à cette idée, surtout quand il s'agit du *cavalier léger*.

On a transformé le pistolet; mais cette modification nous laisse toujours entre les mains une arme fort médiocre. L'adoption, dans la cavalerie, du pistolet *révolver*, qui donne de puissants moyens de défense à l'homme entouré dans une mêlée, serait seul un véritable progrès.

L'équipement de l'homme, sauf quelques modifications insignifiantes, est toujours le même.

Quant au harnachement, cette partie vraiment essentielle de l'équipement, il a passé par une suite nombreuse de phases, qui ont sans doute amené quelques progrès, mais qui, cependant, laissent encore des lacunes très-regrettables.

Enfin, c'est dans nos manœuvres seulement que l'on trouve l'occasion de signaler un pas considérable fait dans la voie du progrès, et l'innovation est toute récente.

Grâce à Son Exc. M. le maréchal Randon, Ministre de la guerre, nous venons d'annexer à notre ordonnance un nouvel exercice : *le travail individuel*.

« *Là est l'avenir de la cavalerie,* » disait un de nos

généraux dans un article publié par le *Moniteur de l'armée*.

Oui, en effet, *là est l'avenir de la cavalerie*, car notre cavalerie, admirable manœuvrière, pèche par le manque d'individualité, et les étrangers pour la plupart sont en cela bien supérieurs à nous.

Tout en reconnaissant l'énorme importance de ce nouveau travail et les bons effets qu'il a déjà produits dans nos régiments, on peut encore se permettre de faire cette remarque : que cet exercice présente des difficultés sérieuses dans son application.

Il faut un terrain spécial, coupé de fossés et de haies ; il faut un matériel de poteaux, de têtes et de cibles, et il est à craindre que, pour ce motif, beaucoup de régiments ne se voient dans l'impossibilité de faire passer exactement leurs escadrons par tous ces détails, qui (ce semble) sont les plus indispensables du travail.

Il serait donc à désirer que Son Exc. M. le Ministre, auquel nous devons ce progrès réel, voulût bien compléter son œuvre, en faisant établir dans chaque garnison de cavalerie, à la portée des quartiers, des *carrières ouvertes* (1) fournies de tous les accessoires nécessaires et où les troupes pourraient

---

(1) Les Anglais ont à la portée de chaque quartier de cavalerie, indépendamment de leurs manéges, des carrières ouvertes, comme celles dont je parle ; et ils recommandent d'y exercer les troupes toutes les fois qu'on le pourra, cet exercice étant bien préférable aux promenades le long des routes, « qui (dit le texte de l'ordonnance même) *donnent aux hommes des habitudes de mollesse et de nonchalance, et font perdre aux chevaux les avantages du dressage.* »

chaque jour et successivement passer par toutes les séries de ce travail.

Un grand progrès, qu'on ne saurait passer sous silence, c'est l'adoption, dans les rangs de notre cavalerie légère, du cheval arabe, animal sobre et résistant qui possède certainement à un plus haut degré que nos chevaux de France toutes les qualités du cheval de guerre.

De tout ce qui précède, il résulte évidemment que l'arme de la cavalerie a peu de réformes utiles à signaler, et qu'elle a reçu beaucoup moins de perfectionnements que ses deux sœurs.

Tout son progrès sérieux consiste dans le travail individuel, dont on ne peut encore apprécier sûrement les résultats, à cause de sa date toute récente ; les autres réformes sont ou incomplètes ou insignifiantes.

D'où vient donc cette stagnation fâcheuse, qui maintient, hélas ! la cavalerie si en arrière des autres armes ?

La cavalerie, qui compte de si belles pages de gloire dans les guerres de l'Empire, est-elle devenue (pendant les quarante années qui viennent de s'écouler) valétudinaire à ce point qu'on lui jettera la pierre sans qu'elle redresse fièrement la tête pour répondre :

« Quoi ! c'est aux descendants des cuirassiers
« d'Eylau, de la Moscowa, de Montmirail et de
« Marengo, des lanciers de Somosierra, aux neveux
« enfin des Kellermann, des Caulaincourt, des Ney
« et des Murat, que vous osez jeter les mots : *Faiblesse et impuissance !*

« Quoi ! parce que l'arme à feu a reçu des perfec-
« tionnements, vous pensez pouvoir vaincre sans
« moi ! »

Non. — Elle relève la tête et répond : « Il ne peut
« exister de succès complet sans la cavalerie; et
« l'infanterie et l'artillerie, quelle que soit la portée
« de leurs armes, auront toujours besoin de moi
« pour assurer leur succès. »

Seulement, avouons-le, la cavalerie, pour le moment, est en arrière; avant de marcher sur le même rang que les deux autres armes, elle a à se débarrasser d'un ennemi intérieur qui lui ronge le cœur, ennemi qu'il faut regarder comme seul coupable de sa faiblesse relative.

Cet ennemi, signalons-le à tous, parce que c'est lui qu'il faut frapper sans relâche pour que la cavalerie reprenne la place qui lui appartient.

Cet ennemi, c'est *la routine* ! la routine, qui nous traîne lentement après elle dans les ornières du passé et étouffe toute idée nouvelle; la routine qui, chassée de l'artillerie, où elle a à peine posé le pied, semblerait, après n'avoir fait qu'un court séjour dans l'infanterie, vouloir s'établir chez nous.

Nous lui avons donné asile trop longtemps; il faut nous en débarrasser; l'exemple nous vient d'en haut, suivons la voie ouverte par le maréchal Ministre de la guerre, et armons-nous tous contre elle!...

I

L'enfant le plus choyé, le favori de la routine, c'est ce que nous désignons tous sous le nom de *littéral*.

Mettons-nous en garde contre lui ; il grandit et se fortifie ; ce sera, c'est déjà un adversaire formidable à combattre !

Ennemi de tout progrès, c'est lui qui nous a fait rejeter toutes les propositions de réformes qui ont été présentées.

Quel est celui d'entre nous, en effet, qui, après avoir passé des années à élever cet édifice de mots dans sa mémoire, voudrait le voir s'écrouler pour faire place à une innovation qui obligerait de nouveau à un travail si pénible ?

Ce qui nous a coûté tant de peines, de labeurs et d'humiliations nous est sacré ! Je dis *humiliations*, car n'est-il pas humiliant pour un officier intelligent et instruit, qui possède parfaitement l'esprit de ses règlements et instructions, de se voir contraint de sacrifier la pensée au mot, et de perdre une partie précieuse de son temps pour en arriver à réciter une leçon à l'instar des enfants de l'École primaire.

Et chaque année, à l'époque des inspections générales, qui d'entre nous n'a pas été ému, n'a pas senti son amour-propre froissé à la seule pensée de rester court devant l'examinateur ?

Cette religion du *littéral* a une portée d'autant plus funeste qu'elle réagit puissamment sur le mode d'instruction.

Les théories faites aux officiers ne sont pas ce qu'elles devraient être :

Au lieu d'exiger des leçons récitées sur un ton plus ou moins monotone, ne vaudrait-il pas mieux établir des conférences raisonnées, où seraient traitées des questions de tactique élémentaire, où chaque mouvement de nos écoles serait analysé et comparé avec ceux des théories anciennes ou étrangères (1)?

Ce serait un travail fructueux pour le développement de l'intelligence, excitant l'intérêt et l'émulation des jeunes officiers ; et les instructeurs, au lieu d'être *docti cum libro*, se verraient obligés de donner à leur enseignement un fond plus solide et nécessitant de leur part des études plus sérieuses.

La nature du sujet que je traite m'amène à parler ici de *l'Ecole de cavalerie de Saumur*. Je ne voudrais pas en dire du mal, car j'ai été pendant quatre ans son élève ; mais la vérité m'oblige à signaler que c'est là où le *littéral* a toujours été le plus en faveur.

Je ne puis songer, sans rire aujourd'hui, à ces efforts gigantesques que nous avons tous été obligés de faire pour arriver à cette pureté de littéral qu'on exigeait de nous, et je ne puis m'empêcher, à ce souvenir, d'admirer ces natures d'hommes persévérants et laborieux qui, non contents d'arriver à la

---

(1) Il faut que les théories faites sur l'école d'escadron et les évolutions soient une sorte de conversation, où se développent la difficulté des mouvements, les fautes qui se commettent le plus habituellement, les moyens à employer pour en empêcher le retour.

De telles théories ne sont point sans difficultés ; mais elles ont évidemment de meilleurs résultats *que celles faites le livre à la main, en s'arrêtant minutieusement à une virgule, à un mot transposé, ainsi que cela se voit fréquemment.* (Général de Chalendar, *Observations sur l'ordonnance*.)

La chose la plus nécessaire est sans contredit de bien connaître l'ordonnance ; mais il faut l'étudier dans le but d'en bien comprendre le sens, et *nullement dans celui de la savoir littéralement, ainsi qu'on le fait malheureusement dans beaucoup de régiments.* (Général comte Dejean, *Observations sur l'ordonnance*.)

perfection dans la partie militaire, *apprenaient même leur cours d'équitation par cœur!* Surprenant fanatisme de mémoire, qui trouvait, du reste, sa récompense....

Mais, j'ose l'avouer, si je les ai admirées, je n'ai jamais eu le courage de les imiter.

C'étaient cependant là deux années de notre jeunesse vive et intelligente que nous absorbions dans ces exercices fastidieux de mémoire, ensemençant péniblement notre terrain d'un grain qui ne devait nous faire récolter que de l'ivraie ; car, lorsque nous retournions dans nos régiments, nous avions conquis auprès de nos camarades, il est vrai, le sobriquet de *boîtes à littéral;* mais nous n'avions qu'une idée bien imparfaite des considérations générales de notre métier, et nous étions assez faibles sur les manœuvres.

Si ce résultat malheureux n'avait encore porté que sur des individualités, c'eût été peu de chose ; mais la plupart des officiers appelés aux fonctions d'instructeur reportaient dans leur corps ce fâcheux mode d'instruction. Comment leur en vouloir ? — Ne subissaient-ils pas l'influence inévitable de l'éducation qu'ils venaient de recevoir, et pouvaient-ils subitement renoncer à l'emploi des provisions qui leur avaient coûté tant de peine ?

Que mes anciens camarades se gardent bien de voir dans ces paroles une critique personnelle ; j'ai hâte de dire, pour éviter tout malentendu, que je n'ai l'intention de faire aucune personnalité, et que c'est le principe seul que j'attaque en lui-même, principe contraire au progrès.

Je ne saurais donc trop le répéter, le littéral est

funeste à toute idée progressive, funeste à l'instruction raisonnée et intelligente.

Cependant, tout en l'attaquant avec vigueur, il ne faudrait pas être exclusif quand même, et on doit reconnaître que le littéral est parfois nécessaire.

Ainsi les détails d'instruction, tels que le maniement des différentes armes, doivent être sus aussi littéralement que possible ; il ne pourrait guère en être autrement.

Les élèves qui apprennent pour la première fois leur ordonnance ont besoin également, pour se la bien classer dans l'esprit, et se familiariser avec les termes techniques, d'employer à cet effet plutôt leur mémoire que leur intelligence. Mais, de même que nous rejetons la robe de l'enfance pour prendre la robe virile, de même il est une époque de notre carrière où nous devons quitter cet abécédaire de nos études militaires pour entrer dans un ordre d'idées plus élevé et de portée plus étendue.

On doit donc admettre le *littéral* (et encore un *littéral relatif*) pour les brigadiers, les sous-officiers et les élèves des écoles ; mais l'officier admis au commandement d'une troupe qui, pour en arriver là, a dû passer par tous les détails de son métier, doit, sous peine de ridicule, laisser de côté ce mode d'étude ; car on ne peut s'empêcher d'avouer qu'il est presque inconvenant de voir des officiers comptant quinze et vingt ans de service et plus, se lever de leur banc comme des collégiens de première année pour réciter leur leçon.

Ces idées une fois admises, les réformes utiles se feront jour sans peine, j'en suis convaincu ; car si quelque changement, quelque addition à l'ordonnance est reconnue nécessaire, on n'hésitera pas à l'admettre dès que le compositeur d'imprimerie seul aura à s'occuper d'en supputer le nombre de syllabes et de lettres.

Il est reconnu depuis longtemps que :

La progression des mouvements de l'ordonnance actuelle a besoin d'être changée pour pouvoir être appliquée dans la pratique.

Notre exercice du sabre est insuffisant et défectueux.

Nos mouvements d'évolutions sont surchargés par les inversions, etc., etc.

Enfin, combien y aurait-il de questions intéressantes à examiner non-seulement dans cette partie, mais encore dans bien d'autres ! Que d'éléments de travail et de recherches pour les officiers intelligents et désireux de voir triompher la cause de la cavalerie dans

> L'instruction des hommes,
> Le dressage des chevaux,
> L'hygiène,
> Le harnachement,
> L'établissement des bivouacs,
> L'aération et la construction des écuries !

Combien d'imperfections nous aurions à signaler dans tous ces éléments divers, imperfections qui ne se maintiennent presque toutes que sous la protection de la routine !

Quoique mon cadre trop restreint s'oppose à ce que je traite convenablement ces questions, je tâcherai d'exposer quelques-unes de ces imperfections.

Dans le harnachement, par exemple :

Pourquoi, puisqu'il a été reconnu par tout le monde que le mode employé pour paqueter est mauvais, ne cherche-t-on pas immédiatement une autre manière de faire?

Il est bien avéré, cependant, que *la charge de devant* est trop lourde, qu'elle comprime le garrot, et qu'à la suite de longues marches beaucoup de chevaux sont blessés dans cette partie pour cette seule raison.

D'un autre côté, le porte-manteau a une forme qui, non-seulement le rend d'un usage difficile en campagne, mais encore donne au cavalier des peines infinies pour en faire quelque chose d'agréable à l'œil, lorsqu'il s'agit d'une revue ou d'une inspection.

Dans l'établissement des bivouacs, pourquoi persister à conserver le mode d'attache qui consiste à entraver les chevaux à une longue corde assujettie en terre par un certain nombre de piquets?

Il est reconnu, cependant, que ce mode d'attache est mauvais; et il n'y a pas un seul régiment qui, ayant passé par cette épreuve, n'ait eu tous ses chevaux blessés sans en excepter un seul, quelques-uns même très-gravement.

Pourquoi donc ne pas chercher quelque chose de moins défectueux?

L'artillerie attache ses chevaux au moyen de longes à une corde tendue à hauteur de poitrail et maintenue par de forts piquets; ce mode a été reconnu excellent, mais le matériel en est trop difficile à transporter sans voitures. Alors pourquoi ne pas donner à chaque cavalier un piquet et une entrave à anneau mobile ? On supprimerait cette longue corde si funeste par *les prises de longe* qu'elle occasionne, et on donnerait plus de mobilité à la troupe, puisque des détachements (quelque petits qu'ils fussent) pourraient s'en isoler en conservant les moyens de camper ; ce que la distribution irrégulière des grandes cordes entre les pelotons ne permet pas actuellement.

Comme question d'*hygiène*, je demanderai pourquoi on fait un abus si grand de la couverture de nos chevaux ?

La nuit, le jour, dans les écuries, aux promenades, au bivouac, ils l'ont constamment sur le dos ; ainsi employée, la couverture n'a plus son effet.

En garnison, cet abus n'a pas l'importance qu'il prend dès qu'on est en campagne.

Le cheval, placé au piquet nuit et jour, sur un terrain plus ou moins boueux couvert de fumier, maculera certainement sa couverture en se couchant ; et cette étoffe de laine, soumise alternativement à l'humidité, à la sécheresse et roulée sur la terre, perdra toute sa souplesse, se durcira, et quelques précautions que prenne le cavalier, renfermera toujours dans son tissu quelque corps dur. Cependant c'est cette même couverture qu'il faudra plier et mettre entre la selle et le dos de l'animal, lorsqu'on devra monter à cheval ; c'est là, sans contredit, la source d'une foule de blessures qu'on rejette trop souvent sur la selle ou sur la négligence du cavalier.

Au bivouac, le cheval ne devra donc avoir sa couverture que dans des cas tout à fait exceptionnels, des cas particuliers d'indisposition (1).

Enfin, je me permettrai une observation sur l'*aération et la construction des écuries*.

Il a été fait de grands progrès dans cette partie, depuis quelques années ; les écuries nouvellement construites sont grandioses ; la pierre et le granit s'y disputent la place ; les fenêtres sont pourvues de mécanismes fort ingénieux ; le dallage est propre et commode. Rien n'a été ménagé, et certes nos chevaux de régiment n'ont rien à envier aux chevaux de luxe les mieux soignés.

Mais est-ce bien cela qu'il fallait faire? N'est-on

---

(1) Pour donner un exemple de l'effet fâcheux produit par la couverture au bivouac, on peut citer un épisode de la campagne de Crimée.

Une batterie d'artillerie était campée sur le plateau Victoria, pendant un des hivers rigoureux que nos armées ont eu à subir durant cette campagne. Pour opérer un déplacement, qui avait nécessité l'enlèvement des abris, on fut obligé (pendant quelques jours) de laisser les chevaux de cette batterie exposés au vent glacé et à toute la rigueur du climat; ils avaient tous la couverture sur le dos, et l'état de la température semblait la rendre plus nécessaire que jamais. Cependant, pendant ce laps de temps bien court, 83 chevaux sur 150 furent blessés au garrot par le mouvement de va-et-vient de l'encolure sous la couverture, que ce froid humide et glacé avait durcie. Quelques-unes de ces blessures présentèrent même des caractères fort graves : il y eut quatorze cas de carie.

Ces accidents ne se seraient pas produits si les chevaux n'avaient pas été couverts.

Mais, objectera-t-on, s'ils n'avaient point été couverts, le froid aurait décimé les chevaux. Ce n'est pas une chose à penser ; car on ne peut admettre que la couverture, cette mince et courte étoffe de laine, soulevée sans cesse par le vent, couvrant à peine la partie supérieure du corps, et envahie par les glaçons, fût d'un grand secours pour préserver l'animal contre le froid.

pas tombé dans l'exagération et dans une dépense inutile?

Nos chevaux, dont la nature doit être agreste, guerrière et préparée à subir toutes les intempéries des saisons, doivent-ils être soignés comme des chevaux de luxe?

Est-il prudent de faire passer subitement des chevaux d'écuries si bien closes au piquet du bivouac?

De l'avis de bien des gens, la transition est trop brusque.

J'aimerais à voir nos écuries, construites à l'instar de nos halles, sans fenêtres, laissant circuler l'air libre dans les hauts, en évitant soigneusement les courants d'air dans la région inférieure, et mettant ainsi toujours la température de l'intérieur à peu près au même degré que celle de l'extérieur.

Le cheval a besoin d'un air vif et constamment renouvelé, et les gaz méphitiques qui se développent dans nos écuries trop closes, surtout pendant la nuit, lui sont très-contraires.

J'aimerais à voir reporter sur l'hygiène et le bien-être des hommes, qui laissent un peu à désirer, les économies qu'on pourrait faire dans les constructions que je suppose.

Ainsi, je condamne vivement cette vieille coutume routinière qui fait des chambres des hommes dans les quartiers, des endroits où l'on couche, où l'on mange, et où l'on nettoie les cuirs des harnachements, le fer, le cuivre des armes, et, en un mot, tous les effets.

Les émanations, la poussière qui résultent de ce nettoyage permanent sont-elles saines? Est-il possible d'exiger et d'obtenir une grande propreté dans des salles où se font constamment tant de choses ?

J'en appelle à tous ceux qui sont entrés dans une chambre de caserne, dans les moments autres que ceux désignés pour une inspection.

Pourquoi donc les chambres de nos soldats ne lutteraient-elles pas de propreté avec celles de nos hôpitaux et de nos prisons ? C'est là, selon moi, une très-importante question d'hygiène qu'il serait bon de prendre en considération.

Je voudrais voir établir dans chaque quartier de cavalerie, pour chaque escadron par exemple, des salles spécialement destinées au nettoyage des armes et des harnachements, et où ces armes et ces harnachements, une fois mis en état, resteraient en ordre et étiquetés.

Les chambres demeureraient exclusivement affectées aux repas et au sommeil.

Ces modifications auraient une influence salutaire non-seulement sur la santé des hommes, mais aussi sur les habitudes de propreté et d'ordre qu'ils peuvent contracter au service et reporter plus tard dans leurs foyers.

Je le répète, les sommes que l'on dépense dans la construction de nos nouvelles écuries pourraient s'appliquer heureusement à cet objet, et l'on gagnerait ainsi en progrès à la fois sur la question de l'hygiène des hommes et sur celle des chevaux.

L'artillerie possède à peu près ce que je demande : des salles affectées aux harnais des chevaux et dans lesquelles ces harnais sont nettoyés sous la surveillance des sous-officiers.

Toutes les fois, du reste, qu'une question de progrès ou d'intelligence sera mise en avant, on pourra, en toute confiance, se reporter à l'artillerie ; on trouvera toujours dans cette arme soit un indice, soit même une solution : aussi mon désir est-il de voir (à l'instar de l'artillerie) nommer dans chaque régiment, ou tout au moins dans les troupes embrigadées ou endivisionnées, des commissions composées d'officiers, pris dans tous les grades, et qui seraient chargées par le comité de cavalerie d'examiner et d'approfondir des questions dans le genre de celles dont je viens de parler.

Cette innovation aurait un double avantage : celui d'exciter l'émulation des officiers, et d'augmenter leur instruction en donnant un but et une direction à leurs travaux ; et en même temps celui de forcer enfin les vieilles coutumes à faire place aux idées nouvelles.

En outre, en faisant ainsi appel à l'intelligence et aux capacités de chacun, on aurait un moyen certain et facile de juger de l'aptitude de ceux qui concourent pour l'avancement, et l'on ne se contenterait plus de ce vernis trompeur d'érudition que donne la mémoire et qui cache si souvent des nullités.

Avant de terminer, je désire attirer l'attention sur un sujet qui mérite, à tous égards, d'être pris en considération, et duquel découlent en partie toutes les idées de progrès que je viens d'énoncer.

Nous recrutons nos officiers de deux manières : dans les écoles;—dans les rangs de la troupe.

Les officiers qui sortent des écoles ont fait toutes leurs études ; ils ont reçu le germe de tout travail ; leur esprit est un terrain remué où l'engrais n'a point été ménagé, et dans lequel enfin ils n'ont qu'à semer pour récolter. Pour cela, tous les moyens sont à leur disposition : ils ont un domicile personnel où ils peuvent se retirer quand bon leur semble, dans le silence et le recueillement de l'étude ; ni le temps, ni les moyens ne leur manquent, et s'ils ne se livrent pas au travail, c'est qu'ils ne le veulent point ou n'en ont pas l'aptitude.

Au contraire, les officiers qui sortent des rangs de la troupe sont arrivés dans les régiments comme simples soldats, n'ayant, pour la plupart, reçu qu'une instruction plus ou moins ébauchée.

Il leur a fallu, pour obtenir l'épaulette, passer par cette filière longue et difficile des différentes fonctions du grade de sous-officier. Quel mérite et quelle persévérance ne devons-nous pas reconnaître à l'homme qui a traversé ces épreuves et qui est parvenu au grade d'officier, possédant toutes les qualités et toutes les connaissances afférentes à ce grade !

Je dirai donc ici quelques mots de la classe des sous-officiers, cette pépinière dans laquelle nous recrutons une grande partie de nos officiers, et qui, pour cette raison, mérite toute notre attention et notre sollicitude.

Je parlerai de ce sujet avec une certaine connaissance de cause ; car, depuis que j'ai l'honneur d'être officier, j'ai été chargé, dans les différents régiments auxquels j'ai appartenu, de l'instruction des sous-officiers, soit aux écoles régimentaires, soit aux théories.

On ne saurait apporter trop de soins à l'instruction des sous-officiers ; comme je l'ai dit plus haut, cette instruction n'a été qu'ébauchée avant l'arrivée au corps; il y a donc beaucoup à faire pour rattacher les premiers éléments reçus dans la jeunesse avec ceux qu'on va leur donner.

Dans le programme des cours des écoles régimentaires, on a placé des matières trop scientifiques. A quoi servent la géométrie et la fortification, par exemple, à des jeunes gens qui ont à peine le temps de donner leur attention aux notions les plus élémentaires d'histoire, de géographie et d'arithmétique?

Ne vaut-il pas mieux leur faire consacrer entièrement à l'étude de leur langue et à l'acquisition de connaissances générales, le temps qu'ils perdent à ces études trop spéciales et trop ardues pour qu'ils en tirent aucun profit?

Quel temps ont-ils à consacrer à l'étude? et lorsque les devoirs de leur grade et le service journalier leur laisseront un instant, où iront-ils travailler?— Dans des chambres où ils ne peuvent trouver ni le silence ni le recueillement nécessaires.

C'est, à mon avis, un bien grand vice d'institution. Pourquoi n'y aurait-il pas, dans chaque quartier de cavalerie, une salle avec des tables et des bancs, chauffée en hiver, placée sous la surveillance de l'adjudant-major et de l'adjudant de semaine, et dans laquelle les sous-officiers désireux de travailler et de s'instruire pourraient trouver toutes facilités pour se livrer à l'étude?

On ne peut prétexter le manque de local, car, dans presque toutes les garnisons, je vois consacrer aux cantines et aux magasins du corps des espaces qu'on pourrait très-facilement restreindre, surtout quand il s'agit d'un objet aussi important.

Sous le rapport de la science du cheval, l'instruction des sous-officiers est fort incomplète.

Dans bien peu de régiments, le cours d'hippologie est fait avec discernement par des officiers instruits. On se borne à faire apprendre *de mémoire* des principes d'anatomie et de physiologie dont l'énoncé trop abrégé ne donne aucune idée juste du cheval.

C'est à l'intelligence seule qu'il faut s'adresser en cette matière et non à la mémoire ; et l'on obtiendra des succès plus réels avec un cours élémentaire de pratique qu'avec tous ces abrégés de science abstraite.

Quant à l'équitation, il est fâcheux que les sous-officiers ne montent jamais à cheval en dehors des manœuvres ; c'est pendant six heures par semaine en été sur le terrain, et quelques heures par mois en hiver au manége qu'ils peuvent se livrer à l'exercice du cheval ; et encore sont-ils entravés dans leur liberté d'action par l'ensemble du travail auquel ils assistent et dont ils ne peuvent s'écarter un seul instant.

Comment est-il possible qu'un officier, sortant de la classe des sous-officiers, obtienne dans ces conditions les connaissances essentielles pour faire un bon cavalier, s'il n'est doué de dispositions naturelles tout exceptionnelles ?

Cependant c'est quand l'homme possède l'ardeur, la hardiesse et l'infatigable souplesse des jeunes années, qu'il doit travailler à acquérir les qualités d'un cavalier vigoureux et intrépide.

Il est donc urgent de pousser vigoureusement l'instruction des sous-officiers dans cette partie, et, pour obtenir des résultats satisfaisants, il est nécessaire de leur donner une grande latitude.

A cette question posée déjà bien souvent :

Pourquoi ne permet-on pas aux sous-officiers l'exercice du cheval en dehors du service ? on a toujours répondu le mot *économie*.

Il faut ménager les chevaux que nos trop bouillants jeunes gens mettraient sur les dents.

D'abord on ne manque pas de moyens de contrôle et de répression pour empêcher les abus, et je suis convaincu que les abus se produiraient très-rarement, une fois la liberté acquise; en second lieu, l'économie est une question dont il faut discuter le pour et le contre avant d'en admettre l'utilité. Or, à côté des quelques abus qui pourraient se glisser de loin en loin malgré la surveillance, cette prescription n'aurait-elle pas un résultat des plus heureux ? D'abord, en donnant au sous-officier une certaine considération morale par la confiance qu'on lui accorderait (et remarquons ici qu'on ne saurait trop saisir toutes les occasions de relever le prestige du grade à quelque degré que ce soit de l'échelle hiérarchique); ensuite en formant des cavaliers adroits, agiles et capables de propager l'instruction non-seulement comme sous-officiers, mais plus tard comme officiers.

Voyez ce que fait l'artillerie : elle ne ménage pas la poudre, elle dépense des sommes assurément très-considérables en expériences continuelles et de toutes sortes, et cela sans la moindre hésitation ; mais notre poudre à nous, ce sont les chevaux, et s'il faut absolument en user quelques-uns pour former une cavalerie hardie et mobile, doit-on hésiter un seul instant ?

Quant à moi, je l'avoue, je serai très-heureux le jour où je verrai permettre et même prescrire aux sous-officiers de monter leurs chevaux tous les jours, le plus souvent possible isolément, en dehors des manœuvres. C'est la conséquence forcée des idées qui ont fait réglementer le *travail individuel* de la troupe, et je compte bien voir dans un avenir prochain se réaliser mes espérances.

Nous ne verrons plus alors, triste spectacle ! l'ardeur et l'intelligence de ces braves jeunes gens se consumer dans les cafés, où l'oisiveté conduit forcément. Le jour où ils auront un endroit consacré au travail, le jour où ils pourront à certaines heures satisfaire librement leur goût pour l'équitation, ils prendront peu à peu le goût du cheval et de l'étude, et, fiers de la considération et de la confiance dont leurs chefs les honoreront, ils s'en montreront certainement dignes.

On rend l'homme meilleur en réchauffant en lui le sentiment du bien, en relevant à ses propres yeux sa dignité morale.

On le ramène au bien en lui prouvant qu'on l'en juge capable.

II

J'ai indiqué rapidement quelques-unes des améliorations qui paraissent à tous le plus utiles, rien que pour attirer l'attention et donner une idée des réformes qui me semblent les plus urgentes; les questions de réforme sont trop sérieuses pour qu'on les pose et les résolve en quelques mots; elles veulent être étudiées et discutées avec le plus grand soin.

J'ai voulu seulement démontrer que, s'il est douloureux pour nous d'avouer que nous ne sommes pas à la place que nous devrions occuper, il est consolant de penser que nous pouvons reconquérir cette place, quand nous le voudrons sérieusement, par notre activité et notre travail.

Il me reste maintenant à expliquer l'importance de la cavalerie, et le rôle qui, je crois, peut lui être assigné dans la nouvelle tactique ; mon désir étant, par cet exposé, de repousser l'opinion émise par nos adversaires : *Que la perfection des armes à feu a réduit considérablement l'importance de la cavalerie*, et de prouver enfin que, quelles que soient la perfection et la portée de ces armes, la cavalerie sera ce qu'elle a toujours été, *l'arme rapide, l'arme du moment, une arme indispensable* (1).

---

(1) Avouons-le, l'infanterie, cette reine des batailles, est presque impuissante lorsqu'elle est abandonnée à ses propres forces, et, en présence d'une vaillante cavalerie qui la presse, il ne lui suffit pas de se former en carré pour être assurée de son salut ; elle doit être soutenue par de la cavalerie qui puisse inquiéter, tourner la cavalerie ennemie, l'empêcher de se rallier après ses premières charges. L'absence de cavalerie dans les corps d'armée, son inaction ou sa défaite ont souvent causé la déroute des bataillons carrés.

En 1814, à Château-Thierry, pendant que le général Nansouty charge la cavalerie ennemie, les dragons de Letort culbutent trois bataillons prussiens et russes, et leur enlèvent un grand nombre de prisonniers et leur artillerie.

A Waterloo, l'infanterie d'Erlon est mise en déroute par les dragons de Ponsomby, parce qu'elle était sans cavalerie. A cette même bataille, les cuirassiers du corps de Ney auraient écrasé les carrés anglais près de la Haie-Sainte, si les escadrons anglais n'étaient arrivés à propos ; pas-

On ne saurait nier d'ailleurs que les trois armes sont solidaires les unes des autres, qu'elles ont rarement une action décisive employées isolément, et qu'un succès complet et assuré ne peut être que le résultat de leur combinaison intelligente.

La cavalerie peut agir de deux façons :
1° Par sa rapidité, sa mobilité et son individualité hardie et insaisissable ;
2° Par sa masse imposante, et l'effet foudroyant de cette masse dont la force est multipliée par la vitesse.

Il ressort donc de ce mode d'envisager la cavalerie, deux cavaleries bien distinctes, qui devraient nécessairement différer l'une de l'autre par l'équipement, l'armement et la manière de combattre.

Je les appellerais :

Cavalerie légère ;
Grosse cavalerie.

La cavalerie dite *légère* devrait être composée d'hommes alertes, vigoureux et intelligents, armés du fusil rayé de précision, du pistolet *révolver* et du sabre.

Elle se remonterait avec des chevaux de petite

---

sant par les intervalles, ils chargèrent à leur tour et dégagèrent l'infanterie.

C'est surtout dans les déroutes que la cavalerie devient puissante et terrible. Elle gagne l'infanterie de vitesse, la presse, l'environne, la harcèle, lui coupe la retraite, la bouleverse.

Concluons donc, avec le général Renard, « que l'infanterie et la cavalerie sont indispensables l'une à l'autre. »

(Étude sur les manœuvres d'infanterie.— *Conférence sur les carrés*, par E. T.)

taille, hardis, sobres et infatigables comme le cheval arabe.

Le cheval et l'homme devraient être équipés aussi légèrement que possible.

Cette cavalerie, ne devant agir qu'exceptionnellement par l'ensemble, devrait être exercée à se diviser, à combattre par petites fractions et isolément.

Son rôle serait de se jeter en éclaireurs en avant et sur les flancs de l'armée, inquiétant, harcelant l'ennemi ; se montrant tout à coup avec audace sur un point avancé, puis se dispersant pour éviter des forces supérieures, et se repliant dans toutes les directions pour aller se reformer plus loin.

Terrible par son infatigable audace, insaisissable par son adresse à se disperser et à se réunir alternativement, elle étonnerait et inquiéterait constamment l'ennemi.

Le cavalier léger, muni d'une arme précise et à longue portée, pourrait comme tirailleur donner une plus grande précision à ses feux ; comme éclaireur ou partisan, isolé, embusqué souvent à pied derrière un obstacle, il pourrait plus sûrement, par ses coups meurtriers, porter le désordre dans les rangs de l'ennemi surpris et lui échapper ensuite par la rapidité de sa course.

Nous avons trouvé devant nous, dans nos guerres en Afrique et contre les Russes, une cavalerie de ce genre ; mais quelle supériorité n'aurait pas sur l'Arabe et le Cosaque indisciplinés le soldat français !

C'est, de toutes les nations, le soldat le plus remarquable par son individualité, son initiative et son intelligence. Quelle admirable cavalerie de partisans ne formerait-on pas chez nous!!

Notre cavalerie légère actuelle manque d'initiative et d'individualité; elle agit trop souvent en masse; ce n'est pas là son rôle.

Dans notre dernière guerre en Italie, des escadrons avaient pour mission d'éclairer la marche de nos colonnes; mais c'est à peine s'ils les précédaient de cinq cents mètres sur la route.

Est-ce là vraiment le rôle d'éclaireurs?

Il ne pouvait cependant en être autrement, car il n'était laissé aucune espèce d'initiative aux chefs de ces détachements de cavalerie; et toutes les fois que le commandant d'une colonne ne laissera pas à l'officier chargé de l'éclairer toute latitude et toute liberté d'action, il paralysera ses moyens et annihilera son rôle.

Le chef d'un détachement d'éclaireurs devrait donc être tout à fait indépendant, et, tout en assurant sa marche par toutes les mesures que lui suggère la prudence, en assurant adroitement ses communications avec l'armée, il devrait se jeter hardiment en avant, observant le pays, recueillant les renseignements sur son passage et se tenant toujours sur la trace de l'ennemi, de façon à connaître tous ses mouvements.

Il est certain que, pour former une cavalerie possédant une mobilité si grande, il y aurait de grandes difficultés à surmonter; les officiers qui seraient appelés à la commander devraient être vigoureux et très-intelligents; mais, plus que les peuples nos voisins, nous avons chez nous tous les éléments nécessaires pour atteindre à cette supériorité.

Seulement, il faudrait nous livrer à un travail consciencieux et intelligent; perfectionner le harnachement, l'équipement, l'armement; pousser vigoureusement l'instruction individuelle des hommes et des chevaux; exciter l'émulation des jeunes officiers en modifiant l'instruction (comme je l'ai déjà dit plus haut), et lui donnant une portée plus élevée.

Le travail individuel a fait faire déjà de sensibles progrès dans la voie que j'indique, il est destiné à en faire faire de bien plus grands encore.

Dans tous les cas, qui pourrait contester l'utilité d'une cavalerie semblable à celle que je viens de dépeindre?

Est-ce à dire que la précision et la longue portée des armes nouvelles donnent aux armées la possibilité de marcher à l'ennemi sans s'éclairer et sans se couvrir?

Il me semble indispensable, au contraire, puisqu'on peut engager une action à de plus grandes distances, qu'on mette tous ses soins à s'éclairer plus au loin et plus en avant.

Si la cavalerie légère est d'une utilité incontestable dans la marche des armées, elle a également une grande importance dans les combats, lorsqu'elle combine son action avec la grosse cavalerie, dont je vais parler.

La *grosse cavalerie* devrait se composer d'hommes grands et robustes, armés du sabre droit (*la latte*) et du pistolet *révolver*.

Elle se remonterait avec des chevaux de plus haute taille et plus forts que ceux de la cavalerie légère.

Cette cavalerie, destinée à agir par l'ensemble, devrait toujours rester groupée en grandes masses, sous un seul et même commandement.

Dans la marche, elle se tiendrait en seconde ligne, en dehors de la portée de l'ennemi, afin de se ménager jusqu'au moment où elle deviendrait nécessaire pour porter un grand coup.

Dans l'action, toujours réunie sous un seul et même commandement, elle se trouverait à la disposition du général en chef pour compléter ses combinaisons, ou porter un coup inattendu en raison des circonstances et du moment.

Après l'action, secondée par la cavalerie légère, elle poursuivrait l'ennemi et assurerait le succès de la journée.

La grosse cavalerie ne devrait jamais être disséminée sur plusieurs points, parce que son rôle serait presque toujours de porter un coup instantané et décisif qui déciderait du gain de la bataille. Elle devrait toujours en imposer par sa masse, et ce n'est que dans des cas tout à fait exceptionnels et désespérés qu'elle aurait à agir isolément sur une troupe qui n'aurait pas encore été ébranlée.

Aussi, quand nos détracteurs parlent de la cavalerie, ils ont bien soin de la placer dans cette hypothèse fâcheuse et contraire à la véritable tactique, et toutes leurs considérations et leurs expériences tournent sur cette base trompeuse.

Il est bien évident, en effet, qu'une troupe de cavalerie qui serait assez téméraire pour se jeter follement sur des bataillons d'infanterie, formés en carrés, parfaitement calmes, garnis de tous leurs feux, aurait de bien faibles chances de réussite dans sa charge. Mais quel est le général de cavalerie assez imprudent pour lancer ses escadrons dans un moment si inopportun ? (1)

C'est lorsque ces bataillons, ébranlés, désorganisés par le feu de l'artillerie et de la mousqueterie, auront perdu leur aplomb et leur force de cohésion, qu'un chef expérimenté, saisissant cet instant d'indécision et de flottement chez son ennemi, se lancera rapidement en avant avec sa cavalerie pour rompre ces anneaux qui commencent à céder (2).

Et il est évident que plus la portée des armes sera grande, et plus l'intervention de la cavalerie deviendra nécessaire. Car l'infanterie, après avoir usé de ses feux à grande distance pour entamer les lignes ennemies, lorsqu'elle les verra faiblir, sera-t-elle assez diligente et rapide pour traverser l'espace qui la sépare de ses adversaires, et achever avec sa baïonnette ce que ses feux auront préparé ?

---

(1) Lors de la retraite de Sambre-et-Meuse, en 1796, deux bataillons, commandés par le chef Deshayes, furent enveloppés par la cavalerie autrichienne. Ils se formèrent en carré et reçurent plusieurs charges sans être enfoncés; mais l'ennemi ayant fait avancer du canon pour battre en brèche cette citadelle mouvante, et la mitraille ayant éclairci les rangs, la cavalerie impériale chargea de nouveau et sabra tous ceux qui n'étaient pas tombés sous le feu de l'artillerie : sept cents hommes, la plupart blessés, furent faits prisonniers; tout le reste avait succombé.
(*Mémoires sur la campagne de* 1796, par le général Jourdan.)

(2) Blücher, avec vingt-cinq escadrons, vint se heurter en pure perte contre la division Gudin, qui n'avait pas été ébranlée par le canon.
C'était une attaque folle, tout aussi inconsidérée que celle des Anglais à Balaclava. Les Prussiens échouèrent, parce qu'ils violèrent ce principe, *qu'une cavalerie, sans l'action préalable et efficace de l'artillerie, ne saurait renverser une infanterie solide en position.*
(Général Renard, *Réflexions sur la cavalerie.*)

D'un autre côté, dans un moment de la journée, si l'ennemi vient à commettre une faute et découvre pendant un instant ou son centre ou l'une de ses ailes, si on combat sur une vaste étendue de terrain, l'infanterie pourra-t-elle être assez rapidement massée sur le point affaibli pour profiter de la faute de l'ennemi?

Non. Malgré toute son infatigable ardeur, elle ne pourra être ni aussi rapide, ni aussi foudroyante qu'une cavalerie mobile et bien commandée.

La cavalerie a toujours été et sera de tout temps, quel que soit le degré de perfectionnement des armes à feu, *l'arme du moment, l'arme rapide et décisive.* C'est le torrent irrésistible, qui, une fois ses digues brisées, s'avance muet et menaçant dans la plaine, déracinant, entraînant tout sur son passage.

La cavalerie d'ensemble n'a pas cette unité d'équipement que je lui suppose.

Elle se compose, actuellement, de trois armes différentes :

Les dragons, les lanciers, les cuirassiers.

Cette diversité d'uniformes et d'équipement ne me paraît pas utile; car, je le répète : *Il ne devrait y avoir que deux cavaleries :*

Celle qui combat isolément, en tirailleurs, fourrageurs, éclaireurs ou partisans ;

Celle qui combat en masse.

Or, dans chacun de ces deux cas, la cavalerie ayant le même mode d'action devrait avoir la même unité d'organisation.

Pour *la grosse cavalerie,* l'arme qui me paraît préférable à toutes les autres est le sabre droit; c'est l'arme par excellence du cavalier, bien en main, facile à manier, terrible dans ses effets.

Les régiments de dragons n'ont plus leur raison d'être.

Tout le monde reconnaît les difficultés qu'une troupe aussi lourdement équipée éprouve pour combattre à pied ; de plus, ses chevaux, qu'il faut protéger et qui sont placés derrière elle, lui enlèvent toute liberté d'action.

A quoi pourra servir une cavalerie à pied, avec des armes aussi imparfaites que celles qu'elle possède ? Cette manière de combattre devient aujourd'hui impossible. Le dragon devrait donc combattre à cheval avec le sabre droit et le révolver.

La lance est une arme très-difficile à manier ; le soldat n'a aucune confiance en elle, et il est avéré que, dans une rencontre avec l'ennemi, le lancier est tout disposé à se débarrasser de sa lance pour se saisir de son sabre.

Je ne peux cependant m'empêcher d'avouer que cette arme a une influence morale très-grande et qu'elle impose beaucoup ; la question serait donc de savoir si cette influence morale balance son emploi difficile ?

Enfin, les cuirassiers sont (à part le révolver) équipés comme devrait l'être (selon moi) la cavalerie agissant en masse.

Mais ici se présente naturellement une question :

Le casque et la cuirasse devront-ils être donnés à toute la grosse cavalerie ?

Oui et non.—Je n'ai pas assez d'expérience pour savoir si ce sont des *impedimenta* assez gênants en campagne pour qu'on les rejette sans discussion. Je ferai observer seulement que nos pères ont fait toutes les guerres de l'Empire en casque et cuirasse, et qu'ils ont vaincu partout ! Ne pourrions-nous en faire autant que nos pères? Voilà ce que je ne me permets pas de décider seul.

Mon opinion, toutefois, est que la cuirasse et le casque ont une influence morale très-grande et sont d'un effet très-imposant. Qui a vu une division de cuirassiers en bataille peut facilement s'en rendre compte. Or, je trouve qu'une cavalerie, destinée à agir en masse, ne doit pas négliger ces moyens d'intimidation préliminaires (1).

Avant de frapper son ennemi de sa terrible *latte*, il n'est pas indifférent que *le cavalier d'ensemble* intimide son adversaire par les éclairs fulgurants de son armure.

Le cavalier léger, au contraire, dont le rôle est de surprendre l'ennemi, de se glisser invisible et de se dissimuler, doit éviter dans son équipement tout ce qui pourrait le faire voir de loin, le compromettre, ou le gêner dans ses mouvements.

Le rôle spécial de la cavalerie légère serait, ainsi que je l'ai dit plus haut, d'éclairer et de protéger l'armée en se dispersant autour d'elle et formant un rideau d'éclaireurs et de partisans ; mais le jour d'un

---

(1) Il a été question dernièrement, en Angleterre, de remplacer l'habit rouge, comme servant de point de mire à longues distances. Ce projet est tombé presque aussitôt qu'il a été conçu ; la voix générale se prononçant en faveur de l'habit rouge, à cause de son prestige, de son influence morale sur l'ennemi.

engagement, cette cavalerie aurait aussi sa place dans les rangs.

Elle se disperserait par ses charges en fourrageurs devant une troupe d'infanterie, ébranlée par les feux de l'ennemi, et qui, pressée par lui, aurait besoin d'une diversion pour resserrer ses rangs ouverts et reprendre son aplomb.

Elle aurait également à combiner ses moyens d'action avec ceux de la grosse cavalerie, non-seulement pour poursuivre et achever l'ennemi après la bataille, mais encore pendant la bataille même, préparant l'action de la grosse cavalerie par des feux de tirailleurs, et marchant avec elle sur ses ailes, prête à se disperser en fourrageurs pour protéger son mouvement en avant.

Il est à regretter que, dans les grands centres de cavalerie tels que ceux de Lunéville, de Châlons, de Versailles et de Lyon, on ne combine pas la réunion des deux cavaleries. Il serait à désirer qu'on joignît, par exemple, à une division de grosse cavalerie un régiment de cavalerie légère.

Les manœuvres, plus variées, par l'emploi différent des deux armes, seraient plus intéressantes et plus instructives ; et on retirerait de cette école certainement plus de fruit qu'on ne le fait actuellement dans les évolutions de cavalerie de même arme.

En terminant cette introduction à l'*Étude des cavaleries étrangères*, étude que je considère comme un appel au travail dans le but d'amener des réformes et des perfectionnements dans l'organisation et l'instruction de la cavalerie française, je me demandais si je n'avais pas plaidé trop hardiment la cause de la cavalerie, et si je ne m'étais pas laissé trop entraîner par mon ardeur à la défendre contre ses détracteurs.

Je craignais presque qu'on ne vînt me dire :

« A qui en avez-vous ? Qui donc condamne la ca« valerie ? Personne n'a parlé de licencier les troupes
« à cheval. L'opinion générale, seulement, est que
« les nouvelles armes à feu font de la cavalerie une
« arme secondaire, et qu'il est tout naturel alors que
« l'on reporte sur l'infanterie et l'artillerie toute son
« attention et tous ses soins. »

Mais c'est précisément contre cette erreur que je proteste et que je voudrais voir tous les cavaliers protester hautement.

La cavalerie ne veut, ne peut pas être une arme secondaire : elle a la prétention de marcher sur le même rang que ses deux sœurs, et, comme elle n'a jamais cessé de le faire, elle veut jeter dans la balance des combats son sabre qui décide les victoires.

C'est à la cavalerie que, dans toutes les guerres, on a dû ces immenses succès qui livrent au vainqueur d'une grande bataille non-seulement toute une armée, mais quelquefois même tout un peuple.

Restons-en bien sûrs, les nouvelles armes à feu ne changeront rien au grand rôle de la cavalerie dans les guerres à venir. Si son importance eût dû s'effacer, c'eût été lorsque l'invention de la poudre vint apporter dans la manière de combattre une perturbation si grande ; mais le chevalier se dépouillant de la lourde armure, qui gênait ses mouvements et entravait son impétuosité, s'est précipité, le corps découvert, sur l'infanterie qui lui opposait une arme terrible nouvellement inventée, et la cavalerie a été créée.

Les cavaliers d'aujourd'hui n'ont pas oublié leur noble origine ; s'ils ont été un instant dépassés dans la voie du progrès, ils reprendront bientôt la place qui leur est due, et quelque destructives que soient les armes qu'on emploiera contre eux, fidèles aux traditions du passé, ils auront toujours la glorieuse mission de fondre sur l'ennemi pour l'écraser, et de décider du gain des batailles.

ÉTUDE

sur

LES CAVALERIES ÉTRANGÈRES

CAVALERIE ANGLAISE.

L'ordonnance sur l'instruction, les formations et les mouvements de la cavalerie anglaise, revue et corrigée, est du 20 mai 1851.

Elle se divise en quatre parties :
1. Équitation militaire ;
2. École du cavalier à pied ;
3. École de division et d'escadron ;
4. Évolutions de régiment.

Les instructions pour l'exercice du sabre, de la carabine, de la lance et du pistolet, font l'objet d'une annexe particulière, dont la publication, plus récente, est du 1er juillet 1858.

L'*Etude sur la cavalerie anglaise* comprendra deux parties distinctes :

Dans la Ire partie, sous le titre de *Considérations générales*, nous analyserons rapidement l'*équitation militaire*, l'*école du cavalier à pied* et l'*école de division et d'escadron*.

Dans la II° partie, sous le titre de *Comparaison des évolutions de régiment françaises et anglaises*, nous présenterons l'examen détaillé de chacun de nos mouvements d'évolutions comparés avec ceux de l'ordonnance anglaise.

Iʳᵉ PARTIE.

CONSIDÉRATIONS GÉNÉRALES.

§ Iᵉʳ.

ÉQUITATION MILITAIRE.

L'équitation militaire comprend non-seulement tous les principes détaillés dans notre École du cavalier à cheval, mais encore les principes et les exercices d'une instruction individuelle raisonnée, intelligente, et qui doit avoir des résultats avantageux, si l'on en suit scrupuleusement tous les détails dans la pratique.

Le cavalier de recrue reçoit d'abord dans cette instruction toutes les leçons élémentaires propres à développer ses moyens; puis, il est conduit par une progression rationnelle à des exercices où se combinent adroitement la science du cheval et l'escrime de toutes les armes.

Tout concourt dans ce travail à donner de l'adresse, de l'agilité et de la force au cavalier, et l'on voit qu'on s'est attaché dans tous les mouvements à produire cette individualité du cavalier sans laquelle aucune cavalerie ne peut avoir de la hardiesse et de la mobilité.

L'équitation militaire est assurément l'école la plus parfaite et la plus intéressante de toutes les écoles de l'ordonnance anglaise. Malgré notre travail individuel nouvellement adopté, nous pourrions encore trouver dans l'étude de cette instruction d'excellents modèles.

Le seul reproche qu'on peut faire à cette instruction, c'est de ne pas être bien classée et de manquer de clarté. Ce doit être, pour les instructeurs, un guide imparfait qui laisse du vague dans la manière de donner la leçon et dans la progression à suivre.

C'est une remarque qui s'applique à toutes les écoles de l'ordonnance anglaise dont l'exposé pèche dans toutes les parties sous le rapport de l'ordre et de la clarté; notre ordonnance est en cela bien supérieure par sa précision et sa netteté d'exposition.

L'équitation militaire comprend quatre parties, savoir :

1. Instruction préparatoire du cavalier de recrue.
2. Travail de la reprise simple (*Single Ride*).
3. Travail de la reprise double (*Double Ride*).
4. Instruction élémentaire pour les manœuvres.

I

Instruction préparatoire du cavalier de recrue.

Cette instruction enseigne au cavalier de recrue à :

Seller, brider, ajuster les étriers;
Amener son cheval sur le terrain;
Monter à cheval et mettre pied à terre avec et sans étriers;
Position du cavalier à cheval;

Se porter en avant, arrêter, reculer ;

A droite, à gauche; Demi-tour à droite, demi-tour à gauche, de pied ferme, puis, étant en marche, au pas et au trot.

Les hommes de recrue ne commencent ces leçons qu'après avoir reçu les premiers éléments de l'école du cavalier à pied.

Ils sont formés, pour cette instruction, par petites escouades de huit ou dix, sur un rang, conservant une longueur de cheval de l'un à l'autre. Ils sont d'abord sans éperons et montent des chevaux tout dressés en selle nue et bridon.

Tous les principes exposés dans cette instruction sont à peu de chose près ceux de la première leçon de notre école du cavalier à cheval; ils n'en diffèrent que par les points suivants :

Il est prescrit de chausser le pied dans l'étrier jusqu'à son milieu au lieu de jusqu'au tiers.

Cette position semble devoir donner plus de solidité au cavalier et n'empêche pas la jambe de tomber naturellement, quoi qu'en dise notre ordonnance.

Pour amener son cheval sur le terrain, il est prescrit au cavalier, toutes les fois qu'il conduira un cheval en main et qu'il rencontrera un officier, de tourner la tête de son côté; et si l'officier se trouve du côté hors-montoir, de se placer de ce côté, conduisant alors le cheval de la main gauche. L'officier étant dépassé de quatre mètres environ, le cavalier reprend sa place du côté montoir.

Cette prescription enseigne au cavalier de recrue qu'en toutes circonstances, il doit à l'épaulette respect et déférence, sentiment qu'on ne saurait trop s'appliquer à développer chez le jeune soldat dans l'intérêt de la discipline.

On exerce les cavaliers de recrue à monter à cheval et à mettre pied à terre non-seulement du côté montoir, mais encore du côté *hors-montoir* avec les armes.

La position du cavalier à cheval sans étriers ne diffère de la nôtre que par la position du pied :

La pointe des pieds relevée à partir du cou-de-pied.

Cette position, que nous évitons, doit infailliblement communiquer beaucoup de roideur non-seulement à la jambe, mais au corps tout entier du cavalier, et par suite nuire à la justesse de ses aides.

Dans cette leçon, il est recommandé de faire changer de cheval au cavalier le plus souvent possible.

Lorsque l'homme de recrue a appris à conserver son assiette et sa position, et qu'il possède la connaissance des aides, on le fait monter à cheval avec des éperons.

II

Travail de la reprise simple (Single Ride).

Lorsque le cavalier de recrue a passé exactement par tous les exercices de *l'instruction préparatoire*, on lui fait commencer le *travail de la reprise simple.*

C'est la première série des mouvements de l'instruction individuelle. Les cavaliers, au nombre de dix environ, sont placés sur une seule reprise, conservant un mètre de distance de l'un à l'autre.

Cette série comprend :
Les doublés individuels;
Les doublés dans la longueur du manége ;

Les cercles ;
Les changements de main sur le cercle ;

Les cavaliers étant sur la ligne du milieu, *le demi-tour individuel ;*

L'oblique individuel, pour aller d'une piste à l'autre ;

Le doublé et le demi-tour individuels, avant d'arriver à la piste opposée ;

Epaules et hanches au mur (Bending Lesson., *leçon d'assouplissement*) ;

Changement de main diagonal et sur la ligne du milieu, en tenant les hanches.

Tous ces mouvements s'exécutent au pas et au trot. On donne ensuite la leçon du petit galop (*Canter*).

Ces premières leçons de galop sont données absolument comme il est prescrit dans la II⁵ partie de la II⁵ leçon de notre école du cavalier à cheval.

Tous les mouvements précédents s'exécutent au petit galop, et, quand les cavaliers sont suffisamment instruits, on leur fait exécuter le *demi-tour individuel* à cette allure.

A cet effet, les cavaliers arrêtent leurs chevaux bien droit, font demi-tour, puis repartent au petit galop, à l'autre main.

Enfin, lorsque les cavaliers ont passé par tous ces exercices, on leur fait prendre les étriers et la bride. On leur donne les principes de la position de la main de la bride, et l'explication de tous les mouvements de cette main pour *se porter en avant, arrêter, reculer, tourner à droite ou à gauche,* etc.

Lorsque les chevaux travaillent bien en bride, et que les hommes ont acquis précision et légèreté de main, en admettant aussi qu'ils aient été préalablement perfectionnés à pied dans le maniement de toutes les armes, on fait exécuter aux cavaliers, étant à cheval, le maniement de ces différentes armes conformément aux règlements fixés pour chacune d'elles.

Comme complément à ce travail, on habitue les hommes et les chevaux aux sauts d'obstacles.

L'instructeur ne fait commencer cet exercice que lorsqu'il juge les cavaliers assez avancés dans leur instruction; il les y exerce alors à la fin de chaque leçon. Le saut des obstacles s'exécute de pied ferme et en prenant de l'élan.

Comme on le voit, le *travail de la reprise simple* donne à peu près tous les détails d'instruction contenus dans les IIIe et IVe leçons de notre école du cavalier à cheval, plus les mouvements de la première série de notre travail individuel.

III

Travail de la reprise double (Double Ride).

Lorsque le cavalier de recrue a passé successivement par tous les exercices de *l'instruction préparatoire* et de *la reprise simple*, et qu'il a exécuté tous ces mouvements au pas, au trot et au petit galop, en bride, éperons et étriers, on lui fait commencer *le travail de la reprise double.*

Pour former la reprise double, on fait tourner le conducteur de la reprise simple sur la ligne du milieu du manége, et lorsque tous les cavaliers sont en colonne sur cette ligne on commande :

Oblique à droite et à gauche.

Les files paires obliquent à droite; les files impaires à gauche, et, en arrivant sur les pistes, elles marchent autour du manége à la main opposée à celle à laquelle elles ont exécuté l'oblique, les files impaires marchant à main droite, et les files paires à main gauche.

Les cavaliers de chaque reprise, pendant tout le travail, passent donc main-de-bride à main-de-bride en se croisant.

Lorsque la reprise double est ainsi formée, on fait serrer à un mètre et demi de distance, puis on exécute la série des mouvements suivants :

Doublés individuels;
Cercles individuels, et changement de main sur le cercle;
Changement de main individuel et successif;
Contre-changement de main individuel et successif;
Demi-tour individuel en sens inverse;
Epaules et hanches au mur (leçon d'assouplissement);
Demi-tour individuel sur les hanches;
Leçon du petit galop.

Lorsque ces mouvements ont été exécutés correctement, on fait prendre aux cavaliers quatre mètres de distance, et on leur fait faire l'exercice des différentes armes.

On les instruit également à allonger le trot et le galop de manége jusqu'à la vitesse des allures de manœuvre, qui, pour le trot, est de huit milles et demi à l'heure, et pour le galop de onze milles à l'heure (1).

---

(1) Le mille anglais est égal à 1609^{m}315 français.

On procède alors à l'exercice de *l'escrime à cheval*. Les hommes sont pourvus de masques et sont armés : une moitié, de sabres de bois à garde d'osier, appelés « *basket-sticks*, » l'autre moitié de bois de lances. On leur fait exécuter d'abord quelques mouvements combinés, dans lesquels ils s'attaquent et se défendent selon les règles prescrites pour le maniement de ces armes; ensuite on forme les deux reprises, le dos tourné aux petits côtés; on désigne deux cavaliers (un dans chaque escouade) qui s'avancent au petit galop, se rencontrent au milieu du manége, et s'attaquent et se défendent selon leur propre inspiration, tout en se conformant cependant aux prescriptions des règlements.

L'ordonnance recommande une grande fixité dans la main-de-bride pendant tout le temps de la lutte, et l'emploi convenable des jambes, afin d'éviter de frapper les chevaux ou de les rendre indécis.

Cette escrime à cheval est un exercice excellent comme complément du travail individuel; elle donne au cavalier l'adresse et la vigueur qui lui sont nécessaires pour manier son cheval et ses armes isolément, avec toute la souplesse et l'énergie d'un combattant expérimenté; car elle résume l'application de tous les principes d'équitation et de maniement d'armes que le cavalier a reçus jusqu'alors, et qu'il est obligé de mettre en pratique avec toute la rapidité de la pensée.

Donc cet exercice, tout en développant chez le cavalier sa vigueur physique, sa souplesse et sa solidité à cheval, développe aussi ses moyens et son intelligence, en ce qu'il lui enseigne l'application directe de l'instruction de détail qu'il a reçue.

Le travail de la reprise double se termine enfin par quelques mouvements destinés à s'exécuter plutôt dans les *carrières ouvertes* que dans les manéges, et qui sont considérés comme figures de carrousel ; ce sont :

Les cercles et les changements de cercles;
La formation de la reprise simple;
Les doublés successifs par rangs;
La serpentine;
La course des poteaux (the Post Practice).

A la fin de chaque leçon, on forme la reprise à files aisées à l'extrémité du manége, et on lui fait exécuter une marche en ligne dans la longueur aux trois allures; lorsqu'on est au galop, l'instructeur veille à ce que tous les chevaux galopent sur le même pied, en raison du côté où le guide est indiqué.

On fait exécuter le saut des obstacles en ligne au petit galop.

On désigne aussi parfois des hommes, distants les uns des autres de trois ou quatre files, qui s'avancent à l'allure commandée, conservant bien exactement leur distance, leur alignement et leur direction jusqu'à l'extrémité du manége, où on leur fait faire halte.

Cet exercice accoutume les chevaux à quitter le rang sans résistance, et les hommes à se servir des aides convenables pour les faire avancer carrément et les maintenir sur une ligne droite, sans s'en écarter, alors qu'ils ne sont plus soutenus à droite et à gauche par d'autres chevaux.

Enfin, quand la reprise est arrêtée près du petit côté du manége, pour préparer les chevaux au bruit des armes, on fait feu avec un pistolet, en avant de la reprise, en encourageant les chevaux et donnant une poignée de grain à ceux qui montrent de la frayeur. Après le feu on fait avancer les chevaux dans la fumée.

Cette manière de procéder donne du calme aux chevaux et les prépare très-rapidement au tir à cheval.

On se conforme bien rarement chez nous à ces prescriptions faites également dans notre ordonnance ; et cependant il est très-essentiel d'habituer les chevaux au bruit des armes, afin qu'ils soient tout à fait aguerris lorsqu'on exécute les feux à cheval, soit pour l'école des tirailleurs, soit pour le tir à la cible.

On devrait donc faire passer scrupuleusement chaque année tous les chevaux par cette épreuve.

Comme on le voit, *le travail de la reprise double* comprend à peu près tous les mouvements détaillés dans les dernières séries de notre travail individuel ; ce que nous ne possédons pas, c'est *l'escrime à cheval*, travail qui, je n'en doute pas, doit donner d'excellents résultats.

L'ordonnance anglaise donne, dans ce chapitre, tous les principes nécessaires pour le dressage du jeune cheval et du cheval de remonte qui a déjà été monté.

Ces principes, parfaitement exposés, comprennent :

L'usage du caveçon, de la longe et de l'homme de bois (*the cross*) ;

La leçon du montoir.

Elle recommande de faire monter et dresser les jeunes chevaux toutes les fois qu'on en trouvera le temps et les moyens, non-seulement par les hommes, mais par les officiers; elle s'exprime en ces termes :

« Les meilleures leçons d'équitation sont celles
« qu'on reçoit en dressant de jeunes chevaux ; aussi

« dès que le soldat en est reconnu capable par des
« exercices préalables sur des chevaux dressés, on
« doit, sous une surveillance bien dirigée, lui faire
« dresser un jeune cheval choisi à sa taille et qui lui
« convienne en toutes choses. Cette observation est
« aussi bien applicable aux officiers qu'aux soldats.

« On fait naître, par ce moyen, entre l'homme et
« le cheval, un attachement réciproque qui ne sau-
« rait être trop encouragé. »

Il serait à désirer que dans nos régiments tous les chevaux arrivant des remontes fussent confiés à des sous-officiers ou à des officiers, pour être dressés sous la surveillance du capitaine instructeur. Ceci se fait dans quelques régiments, mais pas dans tous.

IV

Instruction élémentaire pour les manœuvres.

Lorsque les cavaliers de recrue et les chevaux de remonte sont suffisamment instruits par les exercices précédents pour pouvoir travailler à files serrées, l'instructeur leur fait exécuter à la fin de chaque leçon du travail individuel quelques mouvements de l'*instruction élémentaire pour les manœuvres*, sur un et sur deux rangs, afin de les amener insensiblement à manœuvrer en escadron.

Ces mouvements roulent sur les exercices suivants, qui ne sont que des préliminaires à *l'école de division et d'escadron* :

S'aligner;
Se compter par files et par trois;

Monter à cheval et mettre pied à terre sur deux rangs à files serrées;

A droite, à gauche, et demi-tour par trois;

Marcher en colonne par trois, et se remettre face en tête ;

Les ruptures et les formations par trois ;
Les ruptures et les formations par files ;
Les doublements et les dédoublements ;
La marche en ligne en avant et rétrograde ;
Les obliques ;
Reculer;
Appuyer à droite ou à gauche.

Cette instruction peut être considérée comme un bien faible équivalent de notre école de peloton, car plus tard l'*école de division et d'escadron* ne nous donnera que ces principes répétés et appliqués à l'escadron.

Il y a donc là une lacune. Cette *instruction élémentaire pour les manœuvres* est incomplète, et les principes en sont donnés par fragments à la fin de chaque leçon de l'instruction individuelle.

L'école individuelle anticipe sur les mouvements d'ensemble, et plus tard l'école d'escadron est obligée de reprendre ces mêmes principes, dont l'insuffisance nécessite de nouveaux développements.

C'est une faute qui existait dans notre ordonnance de 1788, et qui a été rectifiée lorsqu'on a séparé l'instruction du cavalier de celle du peloton, se basant sur ce principe :

« Que l'instruction des cavaliers, complétée indi-
« viduellement, doit ensuite s'appliquer progressi-
« vement du plus petit front au plus grand. »

Le travail présente ainsi à l'intelligence du cavalier une progression suivie, raisonnée et non interrompue.

Comme je l'ai dit plus haut, l'ordonnance anglaise pèche, dans sa rédaction et sa composition tout entière, par le manque d'ordre, de classement et de netteté.

Elle traite dans le même chapitre des matières les plus diverses ; et on trouve souvent réunis des principes de dressage, des éléments de manœuvres et des instructions concernant le service intérieur ou en campagne.

Les Anglais manœuvrent par trois ; mais ils font aussi des mouvements par files.

Ils sont donc obligés de se compter de deux manières :

1° De la droite à la gauche par files : *droite, gauche; droite, gauche,* etc.

2° De la droite à la gauche par trois : *droite, centre, gauche ; droite, centre, gauche,* etc.

Après chacune de ces opérations, on vérifie par un commandement le numérotage de la troupe. Chaque file, portant la dénomination de *droite,* étendant le bras droit en avant à hauteur de l'épaule, le pouce en l'air et la paume de la main à gauche.

Cette façon de procéder est, comme on le voit, très-compliquée, et par suite extrêmement vicieuse. Le même homme porte dans le rang deux dénominations différentes ; car il peut être à la fois *file droite* dans le numérotage *par files,* et *file centre* dans le numérotage *par trois.* Il doit résulter de là de fréquentes erreurs dans les mouvements.

Dans les conversions de pied ferme par trois, la

conversion s'exécute sur la file *centre*, qui fait tourner son cheval sur son centre, son avant-main et son arrière-main décrivant chacune un quart de cercle. La file *droite* se règle sur la file *centre* en reculant; la file *gauche* se porte en avant.

En marche, les conversions s'exécutent comme dans nos mouvements par quatre sur une des files des ailes.

§ II.

ÉCOLE DU CAVALIER A PIED.

Cette école comprend non-seulement les instructions relatives à l'exercice à pied, mais encore celles qui fixent les règles pour le placement des sentinelles, les inspections, les parades, les funérailles, etc......

Dans le but d'assouplir l'homme de recrue, de développer sa poitrine et de donner à ses muscles une grande liberté d'action ; pour le préparer enfin aux exercices militaires, on l'exerce avec des masses en bois appelées *clubs*, qui ont deux pieds de longueur, sont arrondies et façonnées à la main, et dont le poids de chacune augmente dans une progression croissante de cinq, sept et neuf livres ; on les emploie en raison de la force des hommes et des progrès qu'ils font dans cet exercice.

Le maniement de ces *clubs* est d'une efficacité très-grande pour donner de la souplesse aux articulations et fortifier les muscles, sans les contracter par une position forcée ; aussi, pour atteindre ce but, il faut bien équilibrer le poids des *clubs*, mettre beaucoup de souplesse dans les poignets en évitant de serrer trop fortement, portant l'attention à éviter toute espèce de roideur, qui mettrait infailliblement de la gêne et de la contrainte dans les mouvements.

Ces prescriptions sont excellentes ; car on ne saurait trop avoir recours à tous les exercices gymnastiques qui peuvent donner de la souplesse au cavalier, cette souplesse étant pour lui une des conditions premières pour bien se tenir à cheval.

Il serait donc à désirer de voir introduire dans notre théorie, au premier chapitre, par exemple, de notre travail individuel, une leçon d'assouplissement à pied et à cheval, destinée non-seulement à préparer les hommes de recrue à l'instruction militaire qu'ils doivent recevoir, mais encore dont quelques mouvements, exécutés au commencement de tout travail à cheval, pourraient être considérés comme un prélude excellent à la leçon, et comme dispositions préliminaires fort utiles pour donner de l'aisance et de l'assiette même aux cavaliers déjà formés.

Dans quelques régiments, j'ai vu des capitaines instructeurs employer dans l'instruction des recrues des leçons d'assouplissement de ce genre, et j'ai pu constater leur influence bienfaisante.

Il serait donc à désirer que ces leçons, au lieu d'être livrées à l'appréciation des uns et des autres, fussent réglementées et tracées dans l'ordonnance d'une manière uniforme, afin que l'application en fût également régulière et générale.

J'appellerai l'attention sur quelques nuances de la méthode anglaise qui font différer l'école du cavalier à pied de la nôtre.

Pour les *à-droite*, les *à-gauche* et les *demi-tours*, les Anglais emploient des moyens tout différents des nôtres.

A droite. — 1. Placer vivement le milieu du pied droit contre le talon gauche en conservant les épaules carrément au front.

2. Élever la pointe des pieds et tourner à droite sur les deux talons.

A gauche. — 1. Placer vivement le talon droit contre le milieu du pied gauche, en conservant les épaules carrément au front.

2. Élever la pointe des pieds et tourner à gauche sur les deux talons.

Demi-tour a droite. — 1. Placer le milieu de la pointe du pied droit contre le talon gauche, en conservant les épaules carrément au front.

2. Élever la pointe des pieds et faire demi-tour à droite sur les deux talons.

3. Rapporter vivement le pied droit en ligne avec le gauche.

Pour le demi-tour a gauche, le cavalier place le talon droit contre le milieu de la pointe du pied gauche et fait demi-tour à gauche sur les deux talons.

Je ne vois pas l'utilité pour le cavalier d'avoir deux moyens de faire demi-tour, étant à pied ; le demi-tour à droite est bien suffisant.

La théorie anglaise donne également les moyens de faire un *trois-quarts de face en arrière à droite* (ou *à gauche*), l'homme de recrue portant le milieu du pied droit au talon gauche, ou le talon droit au milieu du pied gauche, et faisant un *trois-quarts de face* dans la direction donnée.

L'ordonnance anglaise distingue cinq sortes de pas pour la marche :

1. *Le pas ordinaire* (Slow Step), dont la longueur mesurée d'un talon à l'autre est de 30 pouces anglais (76 centimètres), et la vitesse de 75 à la minute.

2. *Le pas accéléré* (Quick Step), dont la longueur

est de 30 pouces (76 centimètres), et la vitesse de 108 à la minute, ce qui fait qu'on parcourt 270 pieds anglais (ou 81^{m}996) en une minute (1).

3. *La double marche* (Double March), dont la longueur est de 36 pouces (91 centimètres), et la vitesse de 150 à la minute, ce qui fait qu'on parcourt 450 pieds (ou 137^{m}160) dans une minute.

4. *Le pas en arrière* (Step Back), dont la longueur et la vitesse sont les mêmes que celles du pas ordinaire.

5. *Le pas de côté* (Side Step), que l'on n'emploie que pour serrer les files de pied ferme.

On l'exécute dans la cadence du pas accéléré en portant le pied droit à 10 pouces (25 centimètres) environ sur la droite, et rapportant ensuite le pied gauche de manière que les deux talons se touchent, et continuant ainsi.

Avant de faire marcher l'homme de recrue, on lui apprend à équilibrer le pas, d'abord de pied ferme, puis étant en marche.

Pour *équilibrer le pas* (Balance Step), de pied ferme : au commandement *Devant* (*Front*), le soldat porte le pied gauche en avant, comme dans notre premier temps de la marche.

Au commandement *Arrière* (*Rear*), il le ramène doucement en arrière sans à-coup, le genou gauche un peu plié, la pointe du pied gauche contre le talon droit et un peu baissée.

Ces mouvements se répètent plusieurs fois aux

---

(1) Le pouce anglais équivaut à 2^{c}54 français.
Le pied anglais équivaut à 0^{m}3048.

commandements *Devant*, *Arrière*, donnés successivement, le cavalier conservant l'équilibre du corps sur la jambe droite. Le pas s'équilibre ensuite sur la jambe gauche en avançant et retirant le pied droit de la même manière.

Pour équilibrer le pas, étant en marche ;

Au commandement *Devant*, porter vivement le pied gauche en avant, le jarret tendu, la pointe du pied tournée en dehors, et à environ 3 pouces de terre.

Au commandement *En avant* (*Forward*), poser le pied gauche à terre à 30 pouces du talon droit, tandis que le pied droit se lève au même instant et reste en arrière, le corps droit, un peu penché en avant. Au commandement *Deux* (*Two*), porter le pied droit en avant, sur la même ligne que le gauche, la pointe du pied un peu en dehors, le pied entièrement à plat, mais à deux pouces de terre.

Au commandement *Devant*, porter le pied droit en avant, et ainsi de suite.

Cette manière de décomposer le pas paraît fort difficile et compliquée, et n'est pas un détail d'instruction susceptible de donner à l'homme de recrue une idée bien juste du pas qu'il doit exécuter plus tard sans décomposition.

Le pas ordinaire et le pas accéléré peuvent être allongés momentanément par un commandement. Les cavaliers le portent alors de 30 pouces (76 centimètres) à 33 pouces (84 centimètres), en penchant le corps un peu plus en avant, mais sans en changer la cadence, qui doit toujours être la même.

On peut également faire raccourcir le pas ; dans ce cas, il ne dépasse pas le milieu de la pointe du pied.

Le pas anglais est plus long que le nôtre, c'est une condition qui ne doit pas être favorable à la marche. Une troupe ne peut marcher comme si chaque homme était isolé ; il est donc nécessaire que le pas soit réglé, pour sa longueur, sur une moyenne qui permette à chaque homme de l'exécuter facilement et sans efforts ; le pas de deux pieds (65 centimètres) remplit ces conditions ; dès qu'on dépasse cette limite, le pas devient difficile à exécuter par des hommes de différentes tailles réunis en troupe ; les Anglais non-seulement le mettent à 76 centimètres, mais ils le portent, en certaines circonstances, comme nous venons de le voir, jusqu'à 84 centimètres, quand on allonge le pas sans en changer la cadence, et jusqu'à 91 centimètres dans la *double marche*.

Le pas en arrière, qui, chez nous, est de 33 centimètres, est dans l'ordonnance anglaise de la même longueur que le pas en avant (76 centimètres) ; c'est également un pas beaucoup trop long.

Dans la marche en ligne, les cavaliers peuvent faire face en arrière, individuellement, sans arrêter.

Au commandement : *Demi-tour à droite* (ou *à gauche*), chaque homme, individuellement, sans changer de pas ni de cadence, fait demi-tour à droite ou à gauche sur son propre terrain, exécutant de sa personne ce mouvement dans le temps prescrit pour trois pas distincts ; il marque ensuite le pas jusqu'au commandement *En avant*, et alors il reprend la marche au pas entier.

Dans la marche en file, les hommes emboîtent complétement le pas, au lieu de conserver 33 centimètres de distance de l'un à l'autre, chaque homme posant à terre le pied qu'il avance précisément à l'endroit même que le pied de l'homme qui précède vient de quitter lorsqu'il s'est levé.

Les conversions de pied ferme s'exécutent aussi bien en arrière qu'en avant.

Au commandement : *Sur la droite—conversion en arrière*, l'homme de la droite du rang fait face à gauche ; tous les cavaliers font le pas en arrière, observant les principes prescrits pour les conversions en avant.

Les hommes de recrue sont exercés à tous ces mouvements, d'abord sur un rang, puis ensuite sur deux.

La distance entre les rangs serrés d'une troupe à pied est de deux pas.

On exécute à pied tous les mouvements de l'école de division et d'escadron ; on se reporte pour cet objet aux principes prescrits dans cette instruction.

La *double marche* est employée pour représenter le trot dans tous les cas où cette allure doit être figurée.

Lorsque les hommes ont les armes, ils mettent l'arme au bras sans ordre, toujours au commandement *Marche*, et portent les armes au commandement *Halte*.

Dans les conversions, ils portent les armes au commandement d'exécution et remettent l'arme au bras à la fin de la conversion, au commandement *En avant* ; à moins que la conversion n'ait pour but une formation en bataille ; dans ce cas, ils restent au port d'armes.

Toutes les fois que l'escadron se rassemble à pied, les hommes se placent par rang de taille, du centre aux ailes, les plus grands au centre ; les hommes les plus petits se placent au deuxième rang.

Dans le placement des sentinelles, il est donné comme consigne expresse à ces dernières, de ne jamais rester en place, à moins que le mauvais temps ne les oblige à chercher un refuge dans la guérite; dans tous les autres cas, « *elles doivent* (dit le texte même de l'ordonnance) *se mouvoir sans cesse vivement et d'une manière martiale.* » Elles ne doivent s'arrêter que pour rendre les honneurs.

L'ordonnance anglaise prescrit des règles pour tirer un feu de joie (*to fire a feu de joie*).

Ces feux sont exécutés dans les circonstances extraordinaires, pour rendre les honneurs à quelque personnage.

La troupe étant formée à rangs ouverts, les armes chargées, l'homme de droite du premier rang arme sa carabine, la saisit à la poignée avec la main droite, l'élève en l'air et fait feu; le deuxième cavalier exécute les mêmes mouvements, et le feu court alors rapidement sur tout le front de la troupe et remonte par la gauche du deuxième rang, aussi vite que possible.

On exécute ainsi successivement trois feux semblables; le troisième feu est suivi de trois hourras.

Cet article renferme encore de nombreuses prescriptions pour les *Parades*, auxquelles les Anglais paraissent attacher une grande importance, car ils s'étendent très-longuement sur ce sujet, entrant dans les détails les plus minutieux sur la manière de disposer la troupe pour rendre les honneurs à la personne qui passe la revue, et sur les différentes dispositions à prendre pour défiler devant elle, d'abord à rangs ouverts, ensuite à rangs serrés.

Mais cette matière étant d'un intérêt tout à fait secondaire pour le but que je me propose d'atteindre, je ne crois pas devoir en donner des détails.

§ III.

ÉCOLE DE DIVISION ET D'ESCADRON.

L'escadron type est de 36 files: quelquefois, mais rarement, on le suppose de 48.

L'escadron se divise en deux fractions de troupe, appelées *Troops;* ce sont nos deux *divisions.* Ces divisions prennent dans chaque escadron la dénomination de *division de droite* et *division de gauche.* Elles doivent toujours occuper la même place dans l'escadron ; leur inversion doit être soigneusement évitée.

La *division* (Troop) se subdivise en deux fractions, le quart de l'escadron, qui prend en anglais le nom de *Division* (notre peloton)(1). Il est rare qu'on fasse usage de cette fraction de troupe pour manœuvrer.

Quand on rassemble la division, les cavaliers se forment sur deux rangs, selon le contrôle par rang de taille, les hommes et les chevaux les plus grands étant placés à l'aile qui devra être au centre de l'escadron (ou aile interne). Le second rang se compose des hommes et des chevaux les plus petits.

---

(1) Pour éviter tout malentendu, nous conviendrons de traduire ce mot anglais *Division* par le mot *peloton*, puisque la fraction de troupe appelée en anglais *Division* correspond exactement à notre peloton.

On fait numéroter la division en partant de son flanc interne.

On place un sous-officier à chaque aile ; ces sous-officiers sont *guides de la division*. On en place également deux au centre du premier rang; ils sont *guides des pelotons*.

Pour former l'escadron, on réunit les deux divisions.

Trois officiers sont placés à une demi-longueur de cheval en avant du premier rang. Ce sont :

1. *Le commandant de l'escadron* (Squadron Leader), devant le centre.

2. *Les deux commandants des divisions* (Troop Leaders), en avant du centre des divisions.

Trois officiers sont placés à une demi-longueur de cheval derrière le deuxième rang. Ce sont :

1. *Le serre-file de l'escadron* (Squadron Serrefile)(1), derrière le centre de l'escadron ;

2. *Les deux serre-files des divisions* (Troop Serrefiles), en arrière du centre des divisions.

Un sergent-major ou un sergent est chargé de porter l'étendard ; un caporal est placé derrière lui, au deuxième rang ; ces deux hommes sont placés entre les deux divisions, au centre de l'escadron, et ne comptent pas dans le rang.

Huit sous-officiers sont placés pour encadrer les quatre pelotons.

Un sous-officier, appelé *guide d'escadron* (Squadron

---

(1) Le serre-file de l'escadron (*Squadron Serrefile*) correspond à notre capitaine en second.

Marker), est placé à la droite du *serre-file de l'escadron*, à une longueur de cheval d'intervalle ; ce sous-officier est chargé de tracer la ligne dans les évolutions, et a le même rôle que notre *guide principal*.

Les trompettes sont placés derrière la seconde file de chaque aile.

Cette position des trompettes est plus avantageuse, en ce qu'elle les met à la portée des escadrons toutes les fois que ceux-ci en ont besoin. Dans notre organisation, tous les trompettes, réunis en un seul peloton, sont bien inutilement placés à vingt-quatre pas en arrière du centre du régiment, et il peut arriver qu'un escadron, détaché à l'improviste du régiment, oublie dans la précipitation du moment, d'emmener ses trompettes.

Lorsque l'escadron est réuni, que les divisions sont formées, on fait compter par trois et par files, en commençant à partir de l'étendard exclusivement ; les hommes se comptent vers chaque aile ; la file à la droite de l'étendard comptant *gauche*, et celle à sa gauche comptant *droite*. Les guides sont compris dans ce numérotage, que l'on vérifie ensuite :

1° Par les cavaliers des ailes des pelotons ;

2° Par les cavaliers des ailes droites de chaque rang de trois ;

3° Par les files *droite* ;

Ces hommes étendant le bras droit en avant.

Quand on fait ouvrir les rangs, le commandant de l'escadron avance de deux longueurs de cheval ; les commandants des divisions, d'une demi-longueur.

Les serre-files des divisions font le tour par les ailes et viennent se placer sur l'alignement des commandants des divisions, en avant de la deuxième file du flanc extérieur de leur division respective.

Le serre-file de l'escadron se place en avant du centre, à égale distance des commandants des divisions, s'il n'y a pas d'étendard.

Dans le cas où il y aurait un étendard (comme celui-ci se porte sur l'alignement des commandants des divisions, le caporal qui est placé derrière lui prenant sa place au premier rang), *le serre-file de l'escadron* se place entre l'étendard et le commandant de la division de droite.

Les trompettes se placent à la droite du premier rang, à une longueur de cheval d'intervalle.

La distance entre les rangs ouverts à cheval est de quatre longueurs de cheval.

On serre toujours les rangs au trot.

L'escadron étant en bataille, les alignements se prennent toujours sur le centre.

Dans les marches en bataille, le guide est également pris au centre. C'est l'étendard qui est guide de la marche. A défaut d'étendard, c'est le sous-officier placé dans le rang à l'aile droite de la division de gauche qui le remplace.

Notre ordonnance nous prescrit de prendre toujours l'alignement ou le guide sur les ailes, à l'exclusion du centre.

Ce principe est par trop absolu, et il peut se présenter des cas où il soit non-seulement nécessaire, mais même indispensable d'indiquer le guide au centre; par exemple, lorsque les ailes sont sur un terrain plus bas que le reste de la ligne; ou que l'on veut faire arriver, d'une manière précise, une partie du centre de la ligne sur un point donné, pour exécuter un mouvement central.

Une troupe d'un front très-étendu ne peut d'ailleurs faire

une marche en ligne bien régulière, avec le guide placé à l'une de ses ailes. Dans les manœuvres, on peut constater que la moindre déviation du guide, placé aux ailes, entraîne toute la ligne hors de la direction qu'on veut suivre, et c'est dans les escadrons les plus éloignés du guide que se commettent les plus grandes fautes.

En plaçant le guide au centre, on a pour avantage de diminuer de moitié le front de la ligne de bataille, puisque l'on donne un guide à chaque moitié ; en outre, il est bien plus facile de prendre une direction perpendiculaire sur le milieu d'une ligne que sur une de ses extrémités.

Certaines personnes ont objecté qu'en plaçant le guide au centre, les ailes forceraient et feraient crever les escadrons. Mais c'est là une objection peu sérieuse et dont la pratique a fait justice, ainsi que le dit lui-même M. le général comte Dejean, dans ses observations sur l'ordonnance :

« J'ai essayé souvent de faire marcher de cette manière,
« et les marches en bataille ont toujours été plus régulières ;
« d'abord parce qu'il y a moitié moins loin de l'extrémité de
« la ligne au point de direction, et parce que, ensuite, il est
« plus facile de donner une direction perpendiculaire sur le
« milieu d'une ligne que sur son extrémité. »

Enfin, il est une remarque qu'on peut faire : l'infanterie et l'artillerie prennent le guide au centre ; la plupart des troupes étrangères, infanterie ou cavalerie, prennent le guide et l'alignement sur le centre.

Les conversions s'exécutent à peu près comme les nôtres, à l'exception des conversions par trois, de pied ferme, qui s'exécutent (comme je l'ai déjà mentionné) sur la file *centre* de chaque rang de trois.

MOUVEMENTS PAR TROIS.—On rompt par trois et par files en avant du front, par les flancs, et en arrière.

On se forme également en bataille par trois et par files, en avant, sur les flancs, et en arrière.

Ces ruptures et ces formations se font par *file simple,* par *file,* par *section de trois*, et par *rang de trois.*

La *file simple* (Single File) se compose de l'homme du premier rang marchant seul, suivi de son homme du second rang.

La *file* (File) se compose de deux cavaliers de front : l'homme du premier rang ayant à sa droite son homme du second rang.

La *section de trois* (Section of Threes) se compose de trois hommes de front ; les trois cavaliers du second rang suivant leurs trois cavaliers du premier rang.

Le *rang de trois* (Threes) se compose de six hommes de front, trois étant du premier rang et trois du deuxième rang.

Ces mouvements, quoique s'exécutant d'une manière toute différente, peuvent être mis en parallèle avec nos ruptures et nos formations par un, par deux, et par quatre. Nous ne possédons pas les moyens de rompre en arrière du front, et nous ne pouvons pas non plus nous former face en arrière en bataille, ainsi que le font les Anglais, dans cet ordre de colonne.

CONTRE-MARCHE.—La contre-marche s'exécute par trois : le premier rang fait à droite par trois, et le second à gauche par trois.

Une contre-marche de ce genre a été proposée par M. le général de Chalendar : elle devait s'exécuter par un à-droite et un à-gauche par quatre. Mais la distance de douze pas, qui existe entre les escadrons formés en colonne serrée, n'est pas suffisante pour exécuter ce mouvement ; il eût fallu porter cette distance à quinze pas.

La contre-marche par file, prescrite dans l'ordonnance, est un mouvement trop lent. Dans les grands centres de cavalerie, à Lunéville et à Versailles, on y a substitué la contre-marche par pelotons. Ce mouvement est rapide, a l'avantage de permettre de se porter de suite en avant après la contre-marche, et peut même s'exécuter, la colonne étant en marche à l'allure du trot.

On peut aussi changer le front de l'escadron par un autre mouvement, qui correspond à notre *demi-tour par pelotons*. Seulement, comme l'inversion des divisions dans l'escadron doit être soigneusement évitée, *même momentanément*, on emploie pour exécuter ce mouvement une combinaison assez bizarre.

La division de droite se porte en avant d'une distance égale à son front, et aussitôt que le commandant de la division de gauche juge qu'il a assez d'espace, il fait faire un demi-tour à droite à sa division. De son côté, le commandant de la division de droite fait exécuter un demi-tour à gauche à sa division et la ramène à hauteur de la division de gauche.

De cette façon, les divisions occupent, après le mouvement, la même position dans l'escadron; le front de l'escadron a été changé et l'inversion des divisions a été évitée.

Tous les mouvements de cette école s'exécutent d'abord en petites escouades, composées de douze à dix-huit hommes placés sur un rang. On les fait ensuite exécuter par la division formée sur deux rangs, et enfin par l'escadron avec tous les officiers.

Les mouvements sont exécutés aux trois allures.

La mesure du pas ne doit pas excéder quatre milles à l'heure (ou 6437^m).

La mesure du trot, huit milles et demi à l'heure (ou 13679^m) comme allure générale de manœuvre; mais pour les exercices ordinaires d'un régiment, elle peut être limitée à sept milles à l'heure (ou 11265^m).

La mesure du galop est de onze milles à l'heure (ou 17702^m) (1).

Pour mettre ces allures en pratique, on mesure avec soin un quart de mille, que les officiers et les sous-officiers apprennent alors à parcourir:

Au pas, en. . . . .   3 minutes 45 secondes.
Au trot de manége, en. .   2   —   9   —
Au trot de manœuvre, en   1   —   46   —
Au galop, en.   1   —   22   —

Cet exercice donne des règles sûres pour la conduite d'une troupe en bataille ou en colonne; et lorsque plusieurs régiments s'assemblent, on les trouve accoutumés à marcher aux mêmes allures.

« Il ne faut pas oublier, dit l'ordonnance anglaise
« à ce sujet, que les corps nombreux, quant à ce
« qui regarde l'ordre parfait, ne peuvent marcher
« avec la même rapidité que les petits; il faut donc
« avoir égard à leur étendue proportionnelle en les
« conduisant. »

Cette recommandation est d'une importance très-grande, et trouve son application surtout dans les colonnes de route.

Le commandant d'une colonne profonde, pour assurer la vitesse de sa marche, tout en conservant le bon ordre et évi-

---

(1) Aux termes de l'article IX du titre Ier de l'ordonnance française (Bases d'instruction), un cheval doit parcourir en une minute, au pas 100^m, au trot 240^m, au galop 300^m.

La mesure du pas, à l'heure, est donc de .   6000^m;
Celle du trot, de. . . . .   14400^m;
Celle du galop, de. . . . .   18000^m.

En comparant ces mesures avec celles fixées par l'ordonnance anglaise pour les différentes allures, on voit que notre trot et notre galop de manœuvre sont plus rapides, et que notre pas est un peu plus lent.

tant de fatiguer et de blesser les chevaux, doit prendre toutes les précautions nécessaires.

La meilleure disposition est celle qui consiste à scinder la colonne en petites fractions, en pelotons, par exemple.

Chaque chef de peloton marche à la tête de son peloton, prend une distance de vingt ou trente pas, et suit tous les mouvements d'allures imprimés à la tête de colonne, passant successivement au pas et au trot, pour son compte, en temps opportun ; par ce moyen, on évite le désordre et les à-coup, qui seraient la conséquence forcée de la marche d'une colonne profonde, et l'on peut, sans fatiguer les chevaux, donner une bien plus grande rapidité à la marche.

Parmi les prescriptions faites au chapitre intitulé *Instructions pour les instructeurs*, la suivante est à remarquer :

« Aux leçons, il faut toujours tenir compte des
« chevaux qui sont jeunes et ne se tiennent pas tran-
« quilles ou qui sont d'une nature irritable. Si l'on
« blâme les hommes pour les fautes commises par
« leurs chevaux, ils s'impatientent contre eux et les
« confirment dans leurs mauvaises habitudes, que
« l'on peut presque toujours parvenir à vaincre par
« la douceur ou en n'exigeant pas tout d'abord trop
« d'exactitude dans les mouvements. »

A la fin de l'école de division et d'escadron, on enseigne la manière de mettre pied à terre et d'attacher les chevaux pour combattre à pied en tirailleurs.

Les files *gauche* et *droite* de chaque rang de trois mettent pied à terre. Ce sont les files *centre* qui restent à cheval pour tenir les chevaux.

Les hommes à pied d'une division se dispersent en tirailleurs, les hommes de l'autre division forment la réserve. Les tirailleurs s'avancent sur deux lignes, distantes d'environ vingt pas.

Les hommes de la première ligne font feu et rechargent leur carabine aussi promptement que possible. La seconde ligne court en avant, dépasse la première de vingt pas et fait feu de la même manière, en observant de conserver son feu jusqu'à ce que les hommes placés en seconde ligne aient rechargé leurs armes, et aient donné le mot *prêt* (*Ready*).

Lorsqu'on doit passer un pont ou un défilé, les hommes de la division dispersée en tirailleurs se serrent vers le centre en approchant du défilé et courent rapidement sur le point d'attaque; tandis que la division de soutien se déploie et ouvre le feu le long des bords du cours d'eau ou des flancs du défilé, pour couvrir la marche en avant des tirailleurs; ou bien encore elle suit de près en corps compactse, si le terrain ne permet pas qu'elle fasse feu utilement. Aussitôt que les tirailleurs ont passé le défilé, ils se dispersent de nouveau.

Pour passer un défilé en arrière, la division de soutien fait retraite la première et se déploie pour couvrir par son feu la marche en arrière des tirailleurs. Ceux-ci ont soin de ne pas se serrer avant d'arriver très-près du défilé. Aussitôt le défilé passé, les tirailleurs se déploient comme précédemment, et la division de soutien se réunit et agit de nouveau comme réserve.

IIᵉ PARTIE.

COMPARAISON
DES ÉVOLUTIONS DE RÉGIMENT
françaises et anglaises.

PRINCIPES GÉNÉRAUX.

Un régiment se compose de deux ou de plusieurs escadrons ; l'ordonnance en suppose ordinairement trois. Les escadrons prennent la dénomination de 1er, 2e, 3e, 4e, en commençant par la droite du régiment.

L'officier qui commande le régiment fait tous les commandements généraux ; l'avertissement général est immédiatement répété par les commandants des escadrons, qui font ensuite les commandements préparatoires nécessaires à l'exécution du mouvement indiqué. Quand ces commandements ont été faits, l'officier qui commande le régiment fait sonner par le trompette l'allure à laquelle le mouvement doit se faire.

Les commandants des escadrons annoncent l'allure comme avertissement par le commandement : *Pas*, *Trot* ou *Galop* (Walk, Trot *ou* Gallop), et le commandement *Marche*, de l'officier qui commande le régiment, répété promptement et distinctement par les commandants des escadrons, met le tout en mouvement.

Comme on le voit, les Anglais indiquent l'allure du pas, ce qui est tout à fait inutile.

Toutes les conversions d'escadrons, de divisions ou de pelotons, de pied ferme (à moins qu'il n'en soit ordonné autrement), doivent se faire à la mesure du trot de manœuvre.

L'escadron du centre, ou, si le nombre des escadrons est pair, celui à droite du centre (que la ligne se compose de un ou de plusieurs régiments) doit être l'escadron de direction, à moins que quelque autre escadron ne soit particulièrement désigné par l'officier qui commande le régiment.

Quoique l'inversion de la ligne doive généralement être évitée devant l'ennemi, cependant il se présente des situations où elle devient nécessaire; on ne peut donc pas la négliger dans la pratique. Mais il faut se rappeler que, bien que l'inversion des régiments dans une ligne de bataille et des escadrons dans un régiment, ne présente pas d'inconvénients réels, cependant l'inversion des divisions ou des pelotons entre eux dans l'escadron causerait du désordre et doit en toute occasion être soigneusement évitée.

Les Anglais redoutent l'inversion et cherchent tous les moyens de l'éviter, même par des mouvements compliqués.

Il faut convenir, en effet, que les inversions sont une cause de trouble et d'erreurs très-féconde. Notre ordonnance en est malheureusement surchargée, et les officiers les plus instruits, les meilleurs manœuvriers, se laissent souvent surprendre par ces difficultés.

Pourquoi donc ne cherche-t-on pas à débarrasser nos manœuvres de complications si inutiles ?

On a proposé, il y a longtemps déjà, un projet de manœuvres sans inversions, projet qui donnait à nos mouvements une simplicité si remarquable et une clarté si grande, qu'il eût été vraiment impossible désormais de commettre une erreur (1).

Ce projet a été repoussé; pourquoi ?

M. le général Dejean s'exprime en ces termes, en parlant de la méthode sans inversions :

« C'est une belle et grande idée, qui, je le crois, produira
« de grands résultats par la suite, et qui simplifiera beaucoup
« les évolutions; mais c'est une idée qui n'est pas encore
« parvenue à sa maturité. »

Après une opinion d'une si grande autorité, il est permis de dire, comme M. le général Dejean, que les manœuvres sans inversions sont une belle et grande idée, en effet, en ce qu'elles mènent au progrès, et on peut ajouter aujourd'hui que l'idée ayant eu le temps de mûrir, il est enfin possible de l'appliquer.

Dans les mouvements de manœuvres, la ligne est tracée dans chaque régiment par :

Un adjudant;

Un guide de régiment (*Régimental Marker*);

Un sous-officier dans chaque escadron (*Squadron Marker*).

Ces sous-officiers sont sous la surveillance du major.

En ligne, l'adjudant se place à la droite du régiment, sur l'alignement du premier rang. Le guide de régiment se place en arrière de l'escadron du centre, à la gauche du *serre-file de l'escadron.*

En colonne serrée, l'adjudant se place à la droite du premier rang du premier escadron, et *le guide de*

---

(1) *Manœuvres sans inversions*, par M. le major Itier.

régiment derrière l'adjudant, sur l'alignement du deuxième rang.

La ligne est tracée beaucoup plus près du front que chez nous. Les déploiements se font à une longueur de cheval de la tête de colonne. La base est tracée par l'adjudant et *le guide de régiment*, qui sont placés par le major. Les autres formations se font à trois longueurs de cheval ; la base est tracée dans ce cas par l'officier commandant la division de base et le guide de l'escadron. C'est le commandant de l'escadron qui les place.

En arrivant sur la ligne, les officiers font face à leur escadron et l'alignement se prend sur eux, à un demi-pied en avant de la tête de leurs chevaux ; au commandement *Fixe*, les officiers reprennent leurs places, à une demi-longueur de cheval en avant de leur escadron, par un demi-tour.

Les évolutions de régiment anglaises sont classées en trois dispositions principales :

La première comprend vingt-un mouvements ; ce sont ceux que peut exécuter un régiment en bataille ;

La deuxième comprend six mouvements ; ce sont ceux d'une colonne serrée ;

Enfin la troisième en comprend dix-sept ; ce sont ceux d'une colonne avec distance.

Pour donner une idée plus nette des évolutions anglaises, j'ai adopté la progression de nos mouvements, en passant successivement du plus petit front au plus grand.

Je vais donc prendre l'énoncé de chacun de nos mouvements français, et j'indiquerai les moyens employés par les Anglais pour exécuter ces mouvements, sauf à signaler ensuite les lacunes qui peuvent exister d'un côté ou de l'autre.

§ I.

DE L'ORDRE EN COLONNE AVEC DISTANCE.

La colonne avec distance est *la colonne de manœuvre* proprement dite.

Elle donne la facilité de se former en bataille dans tous les sens. De tous les ordres en colonne, c'est celui qui, tout en permettant de transporter une troupe d'un point à un autre, offre les moyens les plus nombreux et les plus faciles de la mettre rapidement en bataille pour faire face à l'ennemi.

La colonne avec distance de notre ordonnance est composée de pelotons ayant douze files au plus.

La colonne avec distance de l'ordonnance anglaise (*Open Column*) se forme de divisions (*Troops*) qui présentent un front plus étendu, dix-huit files au moins.

Le front de division est trop grand ; il est moins commode à mouvoir, avec ordre et régularité, que notre front de peloton.

Notre colonne avec distance est donc en cela supérieure à celle des Anglais.

Le peloton est la base de toutes nos formations dans l'ordre en colonne avec distance, tandis que les Anglais emploient souvent les conversions par rangs de trois : mode très-défectueux, en ce qu'il subordonne presque entièrement la régularité des mouvements à l'intelligence des individus et aux chances du combat, et que la perte accidentelle d'une ou de plusieurs files cause toujours du désordre dans le mouvement.

Les évolutions par pelotons ne présentent pas ces inconvénients; le peloton est un groupe que l'officier, qui le commande, conduit et guide dans toutes les circonstances. Si, pendant une formation, des vides viennent à se produire dans les rangs, le groupe se resserre et constitue toujours l'unité de formation qu'on nomme *peloton;* seulement cette unité est plus faible.

Dans l'ordre en colonne avec distance, les commandants des divisions, au lieu de marcher devant le centre de leur division, sont placés devant la deuxième file du côté du guide.

L'ordonnance anglaise recommande de former la colonne la gauche en tête, toutes les fois qu'on devra se former en bataille sur le flanc droit; et la droite en tête, lorsque la formation devra se faire sur le flanc gauche.

Elle donne les moyens de se former en bataille sur des lignes obliques à la direction de la colonne. A cet effet, la première division change de direction, et on fait le commandement: *En avant en bataille,* suivi de l'avertissement: *La gauche* (ou *la droite*) *en avant,* afin que les commandants des divisions sachent bien d'avance quel est le degré qu'ils doivent donner à leur conversion pour se porter sur la ligne.

Ce principe est complétement négligé dans notre ordonnance, qui n'indique que les moyens de se former carrément à la direction suivie. Cependant il peut se présenter souvent des cas où une colonne avec distance ait besoin de se former, par un seul mouvement, obliquement à son front.

Mouvements en colonne avec distance.

1ᵉʳ Mouvement.

805. *Le régiment étant en bataille, le former en colonne avec distance.*

On forme la colonne avec distance *en avant* et *en arrière* de la ligne de bataille.

La formation *En avant* s'exécute absolument comme notre mouvement *Pelotons à droite*, par la conversion à pivot fixe des divisions; seulement un commandement d'avertissement indique d'avance si on doit se porter en avant, après la conversion, ou si on doit s'arrêter.

Ceci nous manque complétement et nous fait défaut, car, surtout lorsque le mouvement s'exécute aux allures vives, il y a toujours incertitude pour savoir si l'on doit arrêter ou se porter en avant après la conversion. Pour éviter toute espèce d'hésitation, il est donc nécessaire d'être prévenu d'avance par un commandement de ce que l'on doit faire.

La formation *En arrière* s'exécute par les mouvements :

 1. *A droite par trois et dans chaque division tête de colonne à droite ;*
 2. *A gauche par trois ;*
 3. *Halte ;*
 4. *Alignement.*

De cette façon, la colonne avec distance est formée

en arrière de la ligne de bataille. Ce mouvement correspond à celui d'une ligne d'infanterie qui ferait *Par pelotons en arrière à droite;* tous les guides restent placés sur la ligne de bataille.

Ce mouvement peut être utile dans plusieurs circonstances, par exemple lorsque l'espace manque en avant pour se former en colonne par la conversion des divisions.

Enfin, on emploie une deuxième manière pour former la colonne avec distance en arrière :

1. *Demi-tour à droite par trois ;*
2. *Divisions à droite ;*
3. *Demi-tour à gauche par trois ;*
4. *Halte ;*
5. *Alignement.*

C'est (dit l'ordonnance) dans le cas où l'on voudrait se remettre en ligne par la conversion des divisions aussi près que possible du terrain primitif.

On peut encore former la colonne avec distance en rompant par la droite en avant du front. Ce mouvement correspond au mouvement de l'école d'escadron *Par pelotons, rompez l'escadron.*

On rompt aussi perpendiculairement en arrière : la division de droite faisant demi-tour à droite, et les autres divisions conversant à droite successivement. Dans ce cas, la division de droite doit ralentir son allure pendant les premiers vingt pas.

2ᵉ Mouvement.

857. *Le régiment étant en colonne avec distance, le former en bataille sur l'un de ses flancs.*

On se forme en bataille sur l'un de ses flancs par le mouvement *A gauche en bataille*. Ce sont les mêmes principes que les nôtres.

On peut se porter en avant après les conversions, au lieu d'arrêter. Le commandement est le même ; on indique seulement, par le commandement, qu'on doit se porter en avant, et la ligne continue à s'avancer à la même allure.

3ᵉ Mouvement.

809. *Le régiment étant en bataille, le rompre en arrière par la droite pour marcher vers la gauche.*

La manière d'exécuter ce mouvement est la même que la nôtre, avec cette seule différence que la division de droite, après le demi-tour, au lieu de converser toujours à angle droit, pour se diriger vers la gauche, peut prendre la direction que l'on indique, oblique à l'ancien front, selon que le défilé ou la position vers laquelle la retraite s'effectue se trouve situé.

4ᵉ Mouvement.

862. *Le régiment marchant en colonne avec distance, le former en bataille sur le prolongement en avant de l'un de ses flancs.*

Le mouvement s'exécute absolument comme notre mouvement *Sur la droite en bataille*.

5ᵉ Mouvement.

864. *Le régiment marchant en colonne avec distance, le former en bataille, dans l'ordre inverse, sur le prolongement en avant de l'un de ses flancs.*

Ce mouvement s'exécute de deux manières :

A droite, sur la tête de chaque escadron;
A gauche, sur le premier escadron.

Pour exécuter la première formation, au commandement *Marche*, les divisions de droite de chaque escadron conversent à droite et s'arrêtent après avoir marché trois longueurs de cheval. Les divisions de gauche passent derrière la division de droite de leur escadron, en longeant le deuxième rang, et lorsqu'elles sont près d'arriver vis-à-vis de la place qu'elles doivent occuper, elles conversent à droite et se portent sur la ligne.

Pour exécuter la deuxième formation :

A gauche, sur le premier escadron,

Au commandement *Marche*, les deux divisions du premier escadron conversent ensemble à gauche, et se mettent en ligne en avançant de trois longueurs de cheval.

Le deuxième et le troisième escadron continuent de marcher, longent successivement le deuxième rang du premier escadron, les deux divisions de chacun conversant ensemble à gauche pour se mettre en ligne, quand elles arrivent vis-à-vis de la place qu'elles doivent occuper en bataille.

La ligne étant formée, les escadrons sont inversés, en ce que le premier est à la gauche et le troisième à la droite de la ligne; mais les divisions sont toujours à leur place dans les escadrons et n'ont point été inversées, ce que l'on évite toujours.

Ce deuxième mouvement a pour but de présenter une augmentation de front successive et immédiate sur le prolongement en avant du flanc gauche de la colonne, en moins de temps qu'il n'en faudrait pour porter la colonne en avant et la mettre en ligne dans son ordre naturel.

Ce mouvement doit donc être plutôt considéré comme un mouvement de nécessité que comme un mouvement habituel, et l'on ne doit y avoir recours que dans les cas d'urgence, lorsque les circonstances du moment l'exigent.

Dans une colonne considérable, au lieu d'intervertir les escadrons, on intervertit les régiments; chaque régiment se porte successivement sur la ligne.

6° Mouvement.

866. *Le régiment étant en colonne avec distance, le former en avant en bataille.*

Le mouvement s'exécute à peu près d'après les mêmes principes que celui de notre ordonnance.

La première division se porte en avant de trois longueurs de cheval ; toutes les autres divisions exécutent à la fois un *Demi-à-gauche* et s'avancent ainsi en échelons obliques jusqu'à l'endroit où elles doivent successivement se redresser pour se porter sur la ligne.

La première partie du mouvement, au lieu de s'exécuter, comme dans notre *En avant en bataille*, par un mouvement particulier de chaque escadron, s'exécute par un mouvement d'ensemble de toutes les divisions.

7° Mouvement.

868. *Le régiment étant en colonne avec distance, le former en avant ordre inverse en bataille.*

Le premier escadron se forme en avant en bataille dans l'ordre naturel, la division de gauche de cet escadron exécutant un *Demi-à-gauche*, et se portant à la gauche de la division de droite et sur la même ligne.

Les deux autres escadrons font *Tête de colonne à droite*, et lorsqu'ils arrivent successivement vis-à-vis de la place qu'ils doivent occuper, ils font *Divisions*

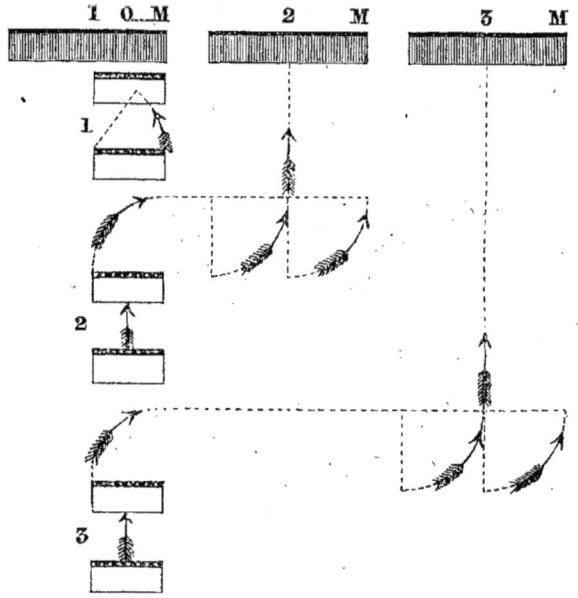

à gauche, se portent droit devant eux, et s'arrêtent successivement sur l'alignement du premier escadron, qui a servi de base à la formation. De cette façon, l'ordre des escadrons est interverti, puisque le premier est à la gauche de la ligne et le troisième à la droite; mais les divisions ne sont pas inversées dans les escadrons.

Ce mouvement a pour but de permettre à une troupe, formée en colonne avec distance, arrivant avec la droite en tête sur un point où l'espace manque vers la gauche pour se déployer, de former instantanément une ligne de bataille en avant. On évite ainsi le retard qui résulterait d'un changement de direction à droite de la tête de colonne, pour se former ensuite en bataille sur le flanc gauche, après avoir marché de toute la profondeur de la colonne ; mouvement qui aurait de plus l'inconvénient d'exposer le flanc de la colonne à l'ennemi avant qu'on pût se mettre en ligne.

8ᵉ Mouvement.

871. *Le régiment étant en colonne avec distance, le former sur la queue de la colonne face en arrière en bataille.*

Le mouvement s'exécute à peu près comme le nôtre, avec cette différence que la dernière division exécute seule un *Demi-tour à gauche* complet; toutes les autres divisions exécutent simultanément un *Trois-quarts de demi-tour à gauche*, et se dirigent en échelons obliques vers le point où elles doivent se redresser successivement, au commandement de leur officier, pour entrer en ligne.

9ᵉ Mouvement.

875. *Le régiment étant en colonne avec distance, le former sur la tête de la colonne face en arrière en bataille.*

Ce mouvement, au lieu de s'exécuter, comme notre ordonnance l'indique, par un *En avant—ordre inverse—en bataille*, suivi d'un demi-tour par pelotons, s'exécute dans chaque division par une marche de flanc par trois, dans le but toujours d'éviter l'inversion dans les escadrons.

Ce mouvement est vicieux, d'abord parce qu'on emploie pour son exécution des moyens qui diffèrent de ceux prescrits pour les autres formations en bataille, et qu'il n'y a plus alors unité de principes; ensuite, parce que les mouvements par trois présentent des difficultés qui peuvent amener facilement des erreurs.

Le mouvement s'exécute ainsi :

La division qui est en tête fait *Demi-tour à gauche*, toutes les autres divisions font *A droite par trois*, et, par une *Tête de colonne demi-à-gauche*, se dirigent vers les points où devra être établie leur aile gauche

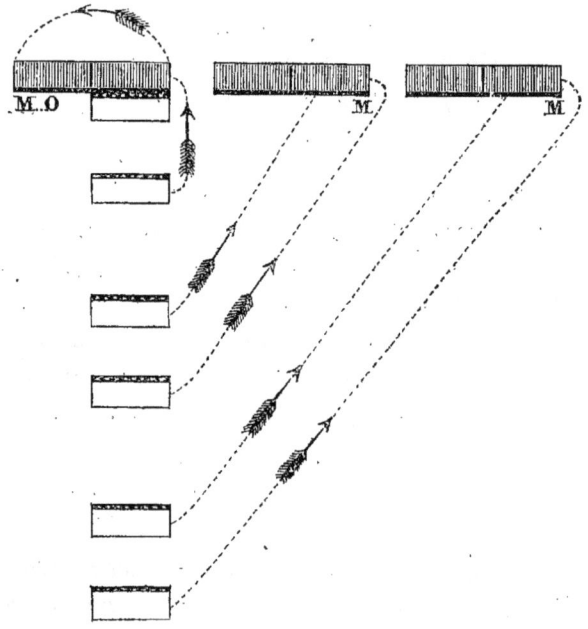

sur la ligne; elles font alors de nouveau une *Tête de colonne demi-à-gauche*, et, lorsque la droite de chaque division arrive à sa place, le commandant de la division l'arrête, et la remet de front par un *A-gauche par trois*.

Dans la position où se trouve la colonne avant le mouvement, il peut se faire que l'on soit menacé en arrière sur la droite; le plus sûr moyen alors de faire face au danger est de se former de la manière suivante :

Formez la ligne à droite, face en arrière sur la tête de la colonne.

La division qui est en tête fait immédiatement demi-tour à droite et s'avance de trois longueurs de cheval. Chaque division converse successivement à droite et passe par derrière la division déjà formée, converse à droite une seconde fois et se porte sur la ligne, comme dans le mouvement *Sur la droite en bataille*.

Cette formation peut s'employer avec avantage lorsqu'après s'être retiré par les intervalles d'une ligne d'infanterie ou de cavalerie on veut se reformer derrière ces lignes.

10ᵉ Mouvement.

880. *Le régiment étant en colonne avec distance, le former à gauche et en avant en bataille.*

Une colonne avec distance, la droite en tête, ayant changé de direction à droite, on la forme en ligne vers son premier front, de la même manière que dans notre ordonnance. Les escadrons qui sont dans la nouvelle direction se forment par le mouvement *A gauche en bataille*, et ceux qui sont encore dans l'ancienne direction se forment par le mouvement *En avant en bataille*.

Il peut se faire que la nouvelle direction prise, au lieu de faire un angle droit avec l'ancienne, lui soit oblique ; la formation s'exécute suivant les mêmes principes : la division, placée en tête de la colonne qui n'a pas encore pris la nouvelle direction, se plaçant sur le nouvel alignement en raison du degré d'obliquité.

11ᵉ Mouvement.

884. *Le régiment étant en colonne avec distance, le former à gauche et sur la tête de* (tel) *escadron, face en arrière en bataille.*

Une colonne avec distance, ayant changé de direction à gauche, si l'on veut la former en bataille face en arrière à la direction première, le mouvement s'exécute de la manière suivante :

Les escadrons qui sont dans la nouvelle direction se forment par le mouvement *A gauche en bataille ;* les divisions qui ne sont pas encore entrées dans cette direction vont se mettre en ligne par une marche de flanc par trois, comme il est prescrit dans le mouvement *Sur la tête de la colonne, face en arrière en bataille.*

Cette formation en bataille et celle qui précède peuvent être employées pour former un régiment en travers d'une chaussée sur laquelle il est en marche, ou pour couvrir l'entrée ou la sortie d'un défilé, après l'avoir passé ; ou bien encore pour entrer, à un point central, sur un alignement déjà pris par d'autres troupes.

12ᵉ Mouvement.

888. *Le régiment étant en colonne avec distance, le former sur un escadron du centre en avant en bataille.*

Les divisions placées en arrière de celle de formation exécutent un *Demi-à-gauche* et se forment en bataille, comme dans le mouvement *En avant en bataille.*

Les divisions placées en avant de celle de formation exécutent également un *Demi-à-gauche*, mais, aussitôt que les conversions sont achevées, elles s'arrêtent, font *Demi-tour par trois*, se dirigent vers la place qu'elles doivent occuper sur la ligne et se remettent face en tête par un *Demi-tour par trois*.

On se forme également *En avant en bataille* sur la dernière division de la colonne.

A cet effet, toutes les divisions, à l'exception de la dernière, exécutent un *Demi-à-gauche*, s'arrêtent, font *Demi-tour par trois* et se dirigent alors en échelons obliques sur le point où elles doivent entrer dans la ligne de bataille par un *Demi-à-droite*; elles dépassent cette ligne d'une longueur de cheval, et font face en tête par un autre *Demi-tour par trois*.

13ᵉ Mouvement.

890. *Le régiment étant en colonne avec distance, le former sur la queue d'un escadron du centre, face en arrière en bataille.*

Si l'on doit se former *Sur la queue du deuxième escadron, face en arrière en bataille,*.

La division de gauche du deuxième escadron exécute un *Demi-tour à gauche*, s'avance de trois longueurs de cheval et s'arrête.

Les divisions placées en avant de la division de base exécutent un *Trois-quarts de demi-tour à gauche* et se forment en bataille suivant les principes prescrits pour le mouvement *Sur la queue de la colonne, face en arrière en bataille.*

Les divisions placées en arrière de la division de base se portent sur la ligne par une marche de flanc par trois, comme dans le mouvement *Sur la tête de la colonne, face en arrière en bataille.*

§ II.

DE L'ORDRE EN COLONNE SERRÉE.

L'objet général de la colonne serrée est de masser sur un point quelconque une troupe nombreuse de cavalerie, de manière à pouvoir en disposer rapidement, tout en cachant le nombre de ses forces à l'ennemi.

L'ordre en colonne serrée est surtout applicable aux réserves, et une cavalerie placée en première ligne doit éviter soigneusement de se présenter, ainsi massée, aux feux de l'ennemi. Le déploiement d'une colonne serrée doit donc toujours se faire à une distance telle qu'il ne puisse être interrompu par l'ennemi.

Dans cet ordre de colonne, on peut se déployer rapidement sur les flancs, sur la tête ou sur le centre, soit en bataille, soit en échelons, et on a l'avantage de présenter de suite à l'ennemi un front assez considérable : celui d'un escadron.

Lorsqu'on veut porter rapidement un corps nombreux de cavalerie d'un point à un autre, on le ploie en colonne serrée.

Cet ordre de colonne s'emploie quelquefois pour l'attaque contre l'infanterie; les escadrons, prenant successivement une distance double de leur front, viennent l'un après l'autre se jeter sur les angles d'un carré, lorsque ces angles ne sont pas défendus par de l'artillerie. Mais ce n'est pas là le véritable rôle de la cavalerie dans l'attaque, et elle ne doit se former dans cet ordre d'attaque que dans des cas exceptionnels.

Le rôle de la cavalerie proprement dite, ou *grosse cavalerie*, est d'attaquer par des charges en ligne ou en échelons ; celui de la *cavalerie légère* est d'attaquer par des charges en fourrageurs.

La colonne serrée de l'ordonnance anglaise (*Close Column*) est formée suivant les mêmes principes que la nôtre.

La distance entre les escadrons est de deux longueurs de cheval. Cette distance est moindre que la nôtre (qui est de 12 mètres); mais chez nous cette distance de 12 mètres est indispensable pour les conversions des pelotons dans les mouvements de flanc et les déploiements, tandis que les Anglais n'ont pas besoin d'une distance aussi grande entre les escadrons, puisqu'ils opèrent ces mouvements par des conversions par trois.

Nous déployons la colonne serrée toujours carrément à son front : l'ordonnance anglaise donne les moyens de la déployer *obliquement* dans toutes les directions.

Mouvements en colonne serrée.

1ᵉʳ Mouvement.

840. *Le régiment marchant en colonne serrée, le faire changer de direction du côté opposé à sa marche par un demi-tour par peloton, et lui faire reprendre sa direction primitive.*

Ce mouvement, au lieu de s'exécuter par le demi-tour par division, ce qui inverserait momentanément les divisions dans les escadrons, s'exécute de la manière suivante de pied ferme :

Les divisions de droite de chaque escadron font *Demi-tour par trois*. Il y a alors deux colonnes par division : l'une, composée des divisions de droite,

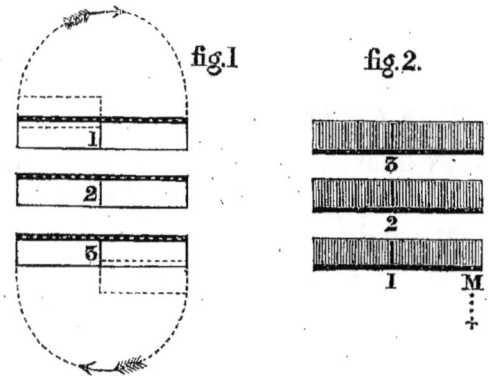

faisant face en arrière ; l'autre, composée des divisions de gauche, faisant face à la première direction. Au commandement *Marche*, les deux colonnes de divisions avancent de deux longueurs de cheval, puis font *Tête de colonne demi-tour à droite*, et se portent en avant après la conversion, chaque division passant exactement sur le même terrain que celle qui la précède (*fig.* 1).

Lorsque les divisions de droite et celles de gauche ont complétement changé de place et se trouvent à la même hauteur, on les arrête et on remet les divisions de droite face en tête par un *Demi-tour par trois*.

La colonne serrée se trouve alors faire face au côté opposé à sa première direction, sans avoir inversé ses divisions (*fig.* 2). Ce mouvement est long et compliqué, et n'aboutit qu'à un bien faible résultat.

La base pour le couvrement des guides de la colonne est tracée par le *Guide du régiment* et le guide du premier escadron, placés par l'adjudant.

2ᵉ Mouvement.

848. *Le régiment étant en colonne serrée, faire face en arrière par la contre-marche.*

La contre-marche s'exécute (ainsi qu'il a été prescrit à *l'École de division et d'escadron*) par un mouvement par trois.

Dans chaque escadron, le premier rang fait *A droite par trois* et le deuxième *A gauche par trois*.

3ᵉ Mouvement.

842. *Le régiment étant en colonne serrée, le faire changer de direction par un mouvement général.*

Le mouvement s'exécute ainsi :
Le premier escadron fait *Escadron à droite*.

Les autres vont se placer derrière lui par un *A-gauche par trois*, une marche de flanc par trois et un *A-droite par trois*.

4ᵉ Mouvement.

833. *Le régiment marchant en colonne avec distance, le former en colonne serrée.*

Le mouvement ne s'exécute pas suivant les mêmes principes que les nôtres.

Les escadrons, au lieu de se former successivement, lorsqu'ils arrivent à leur distance, se forment tous en même temps, les divisions de gauche de chaque escadron obliquant à gauche en doublant l'allure pour se porter à la hauteur de leur division de droite; les escadrons, ainsi formés, serrent successivement à la distance de deux longueurs de cheval sur le premier escadron, qui a fait *Halte*, après avoir marché trois longueurs de cheval.

5ᵉ Mouvement.

893. *Le régiment étant en colonne serrée, le former en bataille sur l'un de ses flancs.*

Le régiment étant en colonne serrée, notre ordonnance le fait former en bataille sur son flanc gauche par le mouvement *Par la queue de la colonne à gauche en bataille*.

Les Anglais exécutent cette formation de la même manière; seulement, dans notre mouvement, l'escadron de base peut de suite exécuter sa conversion, si l'aile marchante ne presse pas trop son allure, tandis que les Anglais, à cause du peu de distance que les escadrons conservent entre eux dans la colonne serrée, sont obligés d'attendre que les escadrons qui précèdent l'escadron de base, aient laissé l'espace nécessaire pour permettre à cet escadron de faire son mouvement de conversion. Il y a donc forcément retard dans l'exécution de la formation ; or, quel est le but de cette formation ? C'est de faire face à un danger venant menacer la colonne sur sa gauche, à hauteur de ses derniers escadrons ; l'important est donc de mettre le plus tôt possible ces escadrons en ligne pour faire face à l'ennemi.

Dans ce mouvement nous ne pouvons déployer la colonne que sur l'escadron de queue : l'ordonnance anglaise fournit les moyens de la déployer sur un escadron quelconque.

Ainsi, si l'on veut former la ligne de bataille sur le premier escadron, pris pour base au lieu du dernier, les deuxième et troisième escadrons font *Demi-tour par trois* et gagnent, par ce mouvement en arrière, l'espace qui leur est nécessaire ; alors ils s'arrêtent, se remettent face en tête, et se mettent en ligne par le mouvement *Escadron à gauche*.

Si c'est sur le deuxième escadron qu'on veut former la ligne, le premier escadron se porte en avant, et le troisième fait *Demi-tour par trois* et gagne du terrain en arrière.

6ᵉ. Mouvement.

813. *Le régiment étant en bataille, le former en colonne serrée sans changer de front.*

Si c'est sur l'escadron du centre qu'on forme la colonne serrée, le premier escadron va se placer en avant de cet escadron par une marche de flanc *A gauche par trois*, et le troisième escadron va se placer en arrière par une marche de flanc *A droite par trois*.

La colonne serrée est formée sur un des escadrons des ailes, suivant les mêmes principes ; les deux autres escadrons se portent en colonne par une marche de flanc par trois.

7ᵉ Mouvement.

903. *Le régiment étant en colonne serrée, le déployer en avant du front sur l'un des escadrons du centre.*

Si le déploiement s'exécute sur l'escadron de queue, les premier et deuxième escadrons sortent de la colonne à droite par un *A-droite par trois*, et lorsqu'ils arrivent successivement vis-à-vis de la place qu'ils doivent occuper en bataille, ils se remettent face en tête par un *A-gauche par trois* et se portent sur la ligne. Le troisième escadron, au moment où son front est débordé, se porte en avant sur la ligne tracée par les guides.

La ligne est tracée par l'adjudant et le *Guide de régiment*, placés par le major à une longueur de cheval en avant de la tête de colonne.

Si le déploiement s'exécute sur le deuxième escadron, le premier fait *A droite par trois*, et le troisième *A gauche par trois*, tandis que le deuxième se porte en avant sur la ligne tracée aussitôt que son front est dégagé.

8° Mouvement.

905. *Le régiment étant en colonne serrée, le déployer sur l'escadron tête de colonne.*

Le commandant du premier escadron aligne son escadron. Les troisième et deuxième escadrons se portent en dehors de la colonne par un *A-gauche par trois*, et se redressent par un *A-droite par trois* lorsqu'ils arrivent successivement à hauteur de la place qu'ils doivent occuper en bataille; ils se portent alors sur la ligne.

Il se peut qu'on soit obligé de se déployer *obliquement* à la direction de la tête de colonne: l'ordonnance anglaise en donne les moyens.

A cet effet, à un commandement général, les escadrons prennent le degré d'obliquité dans lequel on veut déployer la colonne; chaque escadron exécutant pour son compte une conversion qui le place dans ce degré d'obliquité, et la colonne se trouve alors disposée en échelons obliques (1).

---

(1) Lorsqu'une ligne est rompue en plusieurs fractions, soit pour passer de l'ordre en bataille à l'ordre en colonne, ou de l'ordre en colonne à l'ordre en bataille, par des conversions moindres que le quart du cercle, et que ces fractions se trouvent placées obliquement au premier front et parallèlement l'une à l'autre, on dit que cette ligne est en *échelons obliques*.

Cette première disposition étant prise, le déploiement s'exécute suivant les mêmes principes que lorsqu'on se déploie carrément.

Le déploiement oblique peut s'exécuter sur l'escadron de tête, sur celui de queue, ou sur celui du centre, indifféremment ; la ligne est tracée par les guides, aux points où les ailes de l'escadron de base doivent s'appuyer après le mouvement, sans avoir égard à la direction du front de l'escadron tête de colonne.

§ III.

DE L'ORDRE EN BATAILLE.

La charge, qui est l'action décisive de la cavalerie, n'étant qu'une application de la marche en bataille, il est de toute nécessité de donner aux marches en ligne la plus grande perfection et d'y exercer constamment la cavalerie.

Tous les exercices de détail, depuis la première leçon donnée au cavalier de recrue jusqu'au dernier mouvement des évolutions de régiment, doivent tendre à ce but : *Amener le cavalier à fournir, le plus régulièrement possible, une marche en ligne au galop;* car, ainsi que le dit notre ordonnance : *La marche en ligne au galop est l'action décisive de la cavalerie.*

L'ordre en colonne avec distance et l'ordre en colonne serrée sont des ordres de formation secondaires, qui ne servent qu'aux mouvements préliminaires de l'attaque, pour masser les troupes, les transporter d'un point à un autre, les déployer. L'ordre principal de la cavalerie est *l'ordre en bataille*, c'est celui de combat, celui qui précède immédiatement l'attaque.

Les mouvements en colonne ayant l'inconvénient de présenter le flanc de la troupe à l'ennemi, et d'opposer à ses feux des masses plus ou moins profondes, doivent s'exécuter le plus loin possible de l'ennemi, et il est prudent de ne se présenter à sa portée que dans un ordre mince et étendu , *l'ordre en bataille*.

Une marche en ligne précédera donc toujours l'attaque, et le résultat de la charge qui devra la suivre dépendra beaucoup de l'ordre et de la régularité de cette marche.

Les difficultés croissent en raison de l'étendue du front de la ligne et de la rapidité de l'allure.

L'ordre en bataille anglais est le même, à peu de chose près, que le nôtre.

Les escadrons, au lieu d'être de 48 files, n'en comptent que 36. L'intervalle entre les escadrons est, comme chez nous, égal au quart du front d'un escadron.

Dans la marche, ou dans les alignements, les cavaliers se règlent, dans chaque escadron, sur le centre. Les commandants des escadrons, qui marchent en avant de ce centre, se règlent sur le commandant de l'escadron *pris pour base d'alignement ou de direction*.

Les commandants des divisions de l'escadron, *base d'alignement* ou *de direction*, se placent en avant de la troisième file de chaque aile, et élèvent leur sabre pour fournir une base aux commandants des escadrons, sur lesquels, dans chaque escadron, doivent se régler les commandants des divisions.

Dans *l'escadron de direction,* un des deux commandants de divisions est spécialement chargé de la direction de la marche; le commandant de l'escadron et l'autre commandant de division se règlent sur lui. Le major ou l'adjudant dirigent l'officier d'alignement.

Pendant une marche oblique, l'escadron de l'aile vers laquelle on oblique devient *l'escadron de direction*.

Quand la ligne s'arrête, si l'alignement général doit être rectifié, il se prend à partir de *l'escadron de direction*. Presque toujours l'alignement et la direction se prennent sur le centre.

Les alignements sur le centre ont cela d'avantageux, qu'ils sont beaucoup plus rapides et plus faciles que les alignements sur les ailes.

« Les alignements pris sur l'une des ailes ont les plus
« grands inconvénients (dit M. le général comte Dejean, dans
« ses observations sur l'ordonnance), surtout lorsque plu-
« sieurs régiments sont en bataille sur la même ligne.
« D'abord ils se font très-lentement, et ensuite, la plus petite
« déviation dans un des escadrons fait avancer ou reculer
« considérablement l'aile opposée à celle qui sert de base
« d'alignement. »

L'ordonnance anglaise donne à l'ordre en bataille une importance telle qu'elle recommande, comme règle générale, quand on manœuvre, de faire toujours suivre d'une marche en bataille tous les mouvements qui amènent à une formation en ligne quelconque.

———

L'ordre en bataille ayant été présenté plus haut comme la formation qui précède toujours immédiatement la charge, il est nécessaire de parler ici des différentes dispositions que l'on peut prendre pour l'attaque.

La formation d'un corps de cavalerie pour l'attaque dépend beaucoup du genre d'ennemi que l'on a à combattre, des dispositions qu'il a prises dans la défensive, et enfin de la nature du terrain. Il est donc très-important d'envoyer reconnaître et éclairer ses devants et ses flancs avant de rien tenter. C'est la cavalerie *légère* qui sera chargée de cette mission : elle se dispersera en tirailleurs ou en fourrageurs devant l'ennemi, lui cachant ainsi le mouvement qui se prépare, le tâtant dans sa position, et reconnaissant le terrain sur lequel on pourra l'aborder.

La cavalerie *d'ensemble* se formera pendant ce temps pour agir; en règle générale, elle devra s'établir sur trois lignes :

Une première ligne, — *Ligne d'attaque*;
Une seconde ligne, — *Ligne de soutien*;
Une troisième ligne, — *Réserve*.

La première ligne, composée d'environ le tiers des forces totales, doit être déployée en ligne.

La seconde ligne, qui sert de *Troupe de soutien*, peut aussi être déployée en ligne, surtout si le terrain est plat et uni; mais si le pays est tant soit peu coupé ou accidenté, il est préférable de composer cette ligne de colonnes partielles par pelotons de la force d'un escadron, ayant entre elles l'espace nécessaire pour se déployer.

Cette disposition a pour avantage de présenter plus de vides aux coups de l'ennemi, tout en évitant une trop grande profondeur de colonne; de plus, on conserve la facilité de se former rapidement en ligne par le mouvement *Formez les escadrons=au galop*, ou encore de passer entre les intervalles de la première ligne, ou d'une ligne quelconque d'infanterie ou de cavalerie, pour se déployer ensuite.

Si le terrain est coupé et accidenté, la ligne formée ainsi de petites colonnes partielles peut suivre les mouvements de la première avec plus d'ensemble et de régularité, évitant la fatigue et les à-coup qui peuvent résulter d'une marche en ligne trop prolongée.

Or, il ne faut pas oublier qu'il est d'un intérêt majeur d'amener cette seconde ligne sur l'ennemi, avec le moins de pertes possibles, et dans l'ordre le plus parfait ; car c'est de l'ensemble et de la vigueur de son attaque que dépendra souvent le salut de la première ligne, qui, de toutes manières, aura été rompue ou dispersée par la première charge.

La troisième ligne, formant *la Réserve*, suivra d'assez loin le mouvement des deux premières, et devra probablement parcourir beaucoup de terrain avant d'arriver en première ligne, dans le cas où elle serait à son tour obligée de donner ; placée loin de l'ennemi, elle pourra donc appuyer le mouvement des deux premières lignes, massée en colonnes serrées par régiment, ayant entre elles la distance nécessaire pour se déployer.

Les distances que ces différentes lignes doivent conserver entre elles ne peuvent être fixées qu'en raison des circonstances et du moment.

L'ordonnance indique des limites : *distance entière de front, et demi-distance ;* ces limites sont utiles pour les exercices de manœuvres, et l'on doit alors s'y conformer ; mais, à la guerre, il ne peut y avoir de règles fixes.

Lorsque la première ligne attaque, il est essentiel,

dans le cas d'un insuccès, qu'elle se retire par les ailes, en dégageant entièrement le front de la ligne de soutien, de façon à permettre à celle-ci d'attaquer à son tour avec un plein effet.

Les officiers de la première ligne doivent, à cet effet, employer tous leurs efforts à faire retirer leurs hommes le long des flancs, en dehors des ailes, et à les rallier en arrière de la ligne de *Réserve*. S'il en est autrement, les cavaliers ne manqueront pas, en se retirant en désordre sur la ligne de *soutien*, de détruire le calme et l'ordre de sa marche en avant, surtout si cette troupe est déployée en ligne de bataille.

Ces prescriptions sont d'une importance si grande, et l'observation en est si utile, qu'on ne saurait trop habituer les hommes à s'en bien pénétrer, en employant dans ce but tous les moyens possibles.

Toutes les fois donc, dans les manœuvres, qu'on simulera des charges sur plusieurs lignes, contre un ennemi supposé, il serait bon de prescrire à la première ligne, aussitôt après avoir fourni sa charge, de se débander entièrement, comme si elle avait effectivement donné, et d'aller se rallier *individuellement* en arrière de la réserve, ainsi qu'elle aurait à le faire si elle était devant l'ennemi ; la seconde ligne fournirait à son tour une charge, pendant que la première se rallierait.

Cet exercice paraît devoir entraîner au désordre ; mais il aurait une portée bien plus grande sur l'instruction des troupes que celui qui consiste à se replier par des mouvements d'une régularité si stricte et si systématique qu'ils donnent à un mouvement de guerre une apparence de mouvement de parade, et font que, bien souvent, les hommes et même les officiers n'ont aucune idée de l'esprit du mouvement.

Cette pratique nouvelle n'aurait-elle pour effet que d'apprendre à un corps nombreux de cavalerie débandé à se reformer individuellement et avec rapidité sur un point donné, que ce serait un résultat excellent !

Si les forces de l'ennemi se composent seulement d'infanterie et d'artillerie sans cavalerie, les distances entre les lignes peuvent être sensiblement diminuées ; mais si l'infanterie est formée en carré, il faut bien se garder de l'attaquer avant que les feux de l'artillerie ou de l'infanterie l'aient ébranlée.

Toute la force de la cavalerie réside dans son impulsion : *le poids de sa masse, multiplié par sa vitesse.* Elle est, par conséquent, plutôt dans l'offensive que dans la défensive.

L'attaque est donc son principal objet, et, par suite, tous les mouvements en ligne doivent tendre à placer la cavalerie dans la position la plus avantageuse pour *l'attaque*.

Cette attaque, *c'est la charge*, qui doit être courte, mais faite avec le plus de régularité et de rapidité possible.

On doit amener sa troupe sur l'ennemi, à un trot allongé mais régulier, puis la faire passer au galop ; on augmente progressivement la vitesse de cette allure jusqu'à celle de la charge, qui doit être le galop porté au plus haut degré de vitesse auquel un corps puisse atteindre en restant uni et en bon ordre.

Les distances prescrites dans l'ordonnance pour les différents changements d'allures doivent, en maintes occasions, être laissées à l'appréciation de l'officier qui commande, et n'ont été établies dans la théorie que pour donner une limite moyenne, dans laquelle on doit se maintenir dans l'instruction et les exercices de manœuvre.

Les cavaliers, au moment de la charge, doivent, sans se désunir, prendre assez d'aisance pour éviter le resserrement ou le refoulement des files ; car c'est dans le moment où il réunit tous ses efforts dans une allure à toute vitesse que le cheval a besoin d'être indépendant et de ne pas être contrarié dans ses mouvements.

Le cavalier, tout en poussant son cheval, doit toujours le tenir dans la main et en être parfaitement maître ; c'est à l'instant seulement du choc qu'il doit lui donner toute l'impulsion dont il est susceptible, en l'activant alors seulement, si c'est nécessaire, avec la jambe et l'éperon.

L'efficacité d'une charge dépend beaucoup de la stricte observation de ces détails ; et comme c'est de la rapidité uniforme de la ligne que dépend son plus grand effet, il faut bien observer de ne pas la presser à ce point d'amener sur l'ennemi des chevaux essoufflés ou même inquiets.

C'est l'occasion de rappeler que le guide au centre est plus utile que jamais.

Le chef, qui conduit sa troupe à l'ennemi, charge devant elle au centre de la ligne ; c'est sa pensée que la troupe exécute et son impulsion qu'elle suit ; le chef sait sur quel point il veut faire converger tous les efforts, et c'est de sa personne que doivent partir le commandement et la direction.

Pourra-t-il, surtout dans une ligne de bataille d'un front étendu, faire transmettre ses ordres et sa pensée aux ailes avec toute la rapidité que les circonstances exigent? Et ces ordres, en passant par des intermédiaires, seront-ils interprétés comme ils doivent l'être?

En confiant la direction de la marche ou de la charge à l'une des ailes, ne peut-il pas arriver qu'une déviation du guide jette une partie de la ligne de bataille en dehors du point que le chef veut frapper, et, en le privant ainsi d'une partie de ses forces, compromette le succès du mouvement?

Il arrive souvent, sur un terrain de manœuvre, qu'une direction mal prise à l'une des ailes entraîne plusieurs escadrons dans des écarts considérables, fait ouvrir ou resserrer les files, et cause de grands désordres; à plus forte raison, sur un terrain accidenté, en présence et sous le feu de l'ennemi.

Il n'est pas d'occasions où il soit avantageux pour la cavalerie d'attendre de pied ferme l'attaque de l'ennemi.

Quelquefois des circonstances de position peuvent empêcher une ligne de prendre assez de champ pour charger; dans ce cas défavorable, elle ne doit pas rester absolument de pied ferme; elle doit se porter en avant, quelque peu de terrain qu'elle ait devant elle, pour aller au-devant du choc de l'ennemi, sans quoi sa défaite serait inévitable.

Mouvements en bataille.

1ᵉʳ Mouvement.

927. *Le régiment marchant en bataille, le faire marcher en arrière par un demi-tour par pelotons, et le remettre face en tête.*

Le mouvement s'exécute en employant les moyens exposés précédemment pour éviter l'inversion des divisions dans les escadrons.

Dans chaque escadron, la division de droite se porte en avant d'une distance égale à son front, et

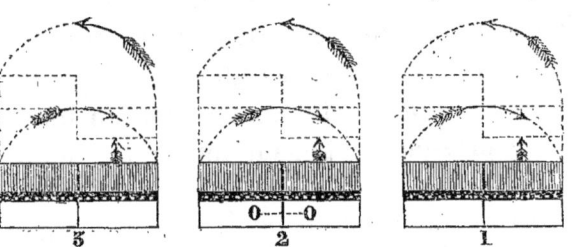

fait *Demi-tour à gauche*; la division de gauche, dès qu'elle a assez de place, fait *Demi-tour à droite*.

Le front de la ligne est ainsi changé; les escadrons sont intervertis, mais les divisions ne sont pas inversées. On remet le régiment face en tête par les mêmes moyens; les divisions de droite de chaque escadron observent comme principe invariable de toujours se porter en avant.

Quoique cette manière d'opérer soit de pratique usuelle, la ligne peut aussi être quelquefois intervertie face en arrière par un *Demi-tour à droite,* ou un *Demi-tour à gauche par escadrons*; on se remet face en tête par le même moyen.

L'ordonnance anglaise indique enfin un troisième moyen de changer le front de la ligne, en évitant toujours l'inversion des divisions. C'est au moyen d'une *Contre-marche sur le centre* qui s'exécute ainsi :

Au commandement *Contre-marche sur le centre,* les deux divisions du 1er escadron et celle de droite du 2e font face en arrière par un *Demi-tour par trois*; ces trois divisions se portent en avant de quatre longueurs de cheval, et s'arrêtent ; de cette façon, la première moitié du régiment fait face en arrière, et la seconde moitié fait face en tête.

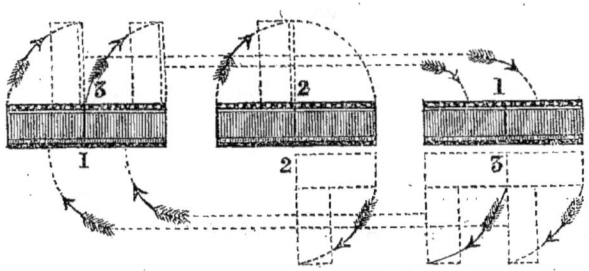

Toutes les divisions convergent alors à droite ensemble et se portent en avant; la division de gauche du 2e escadron converse de suite une seconde fois à droite, et après s'être portée en avant de trois longueurs de cheval, elle s'arrête ; les autres divisions de cette aile gauche (celles du 3e escadron) se forment *Sur la droite en bataille*, à mesure qu'elles arrivent vis-à-vis de la place qu'elles doivent occuper en ligne.

La division de droite du 2e escadron, après sa première conversion, en fait de suite une seconde, et, quand elle a dépassé d'une longueur de cheval le deuxième rang de la division de gauche, elle fait face en tête par un *Demi-tour par trois*, et s'aligne ; les autres divisions de cette aile droite (celles du 1ᵉʳ escadron) se forment en ligne par le mouvement *Sur la droite en bataille*, et font face en tête par un *Demi-tour par trois*.

Le front est ainsi changé sans que les divisions soient inversées dans les escadrons ; une moitié du régiment a changé de place avec l'autre moitié.

C'est là un mouvement bien inutile en raison surtout du résultat que l'on obtient. Mais c'est toujours l'épouvante de l'inversion qui amène à ces mouvements compliqués.

2ᵉ Mouvement.

929. *Le régiment étant en bataille, changer de front obliquement sur l'une de ses ailes.*

Le mouvement s'exécute par un mouvement d'ensemble des divisions, au lieu de s'exécuter, comme chez nous, par un mouvement d'escadrons.

La division de droite du 1ᵉʳ escadron, au commandement de son officier, fait un *Demi-à-droite*, et sert de base.

La division de gauche de cet escadron se porte en avant au commandement de son officier, et exécute ensuite un *Demi-à-droite*.

Les divisions des deux autres escadrons exécutent un *Quart d'à-droite*, et se portent en avant, s'avançant en échelons vers la nouvelle ligne sur laquelle elles se redressent successivement au commandement des commandants de divisions.

Notre ordonnance ne nous donne qu'un moyen de changer de front obliquement : c'est le *Changement de front oblique en avant sur l'une des ailes.*

L'ordonnance anglaise en indique plusieurs autres:

Changer de front obliquement en arrière sur l'une des ailes;

Changer de front obliquement en arrière sur le centre;

Prendre une position oblique en avant de l'aile droite;

Prendre une position oblique en arrière de l'aile gauche.

Ces différents mouvements s'exécutent par la combinaison des conversions des divisions et des mouvements par trois.

La formation d'une ligne oblique peut souvent être nécessaire devant l'ennemi, et notre ordonnance, tout en reconnaissant l'importance de cette formation pour la charge, nous donne fort peu de moyens de l'exécuter : « On emploie, « dit-elle, de préférence *la charge dans l'ordre oblique*, lors- « que la ligne ennemie est plus étendue, afin de balancer cet « avantage en lui refusant une aile, ou bien même pour dé- « border la sienne. » Du moment que l'utilité des formations dans l'ordre oblique est reconnue, pourquoi donc ne pas se fournir des moyens nécessaires pour les exécuter dans toutes les circonstances qui peuvent se présenter ?

Notre grand défaut est de toujours manœuvrer *carrément;* cependant une troupe n'a réellement complété son instruction que lorsqu'elle sait exécuter toutes les formations en bataille et tous les déploiements, dans des directions obliques, car ce sont les cas qui se présentent le plus fréquemment en campagne.

On doit donc, non-seulement exercer les troupes à prendre toutes les positions que les hasards d'un combat peuvent nécessiter; mais l'ordonnance doit encore fournir tous les moyens pratiques et réguliers de les prendre.

Les changements de front obliques en avant et en arrière de la ligne, sur les ailes et sur le centre ; les déploiements obliques, et les formations en bataille obliques à la direction des têtes de colonnes, sont donc des mouvements utiles, et qui méritent d'être réglementés.

3ᵉ Mouvement.

931. *Le régiment étant en bataille, changer de front perpendiculairement sur l'une de ses ailes.*

Le mouvement s'exécute par un mouvement d'ensemble des divisions. La division de droite du 1ᵉʳ escadron, qui sert de base, exécute un *A-droite*. Toutes les autres divisions exécutent un *Demi-à-droite*, et se portent sur la ligne par une marche en échelons, se redressant successivement à mesure qu'elles arrivent vis-à-vis la place qu'elles doivent occuper.

Il peut se faire qu'on ait besoin de faire exécuter un changement de front d'un degré plus grand que l'*A-droite*. Le commandement l'indique alors, en ajoutant à l'avertissement : *La gauche en avant*, afin que le commandant de la division de base puisse faire converser la division dans la direction qu'on veut prendre, et que les commandants des autres divisions soient prévenus de forcer le degré de conversion dans leur second *Demi-à-droite*, en approchant de la ligne de bataille.

4ᵉ Mouvement.

934. *Le régiment étant en bataille, changer de front en arrière sur l'une de ses ailes.*

Le mouvement s'exécute ainsi, pour le *changement de front en arrière sur l'aile gauche* :

La division de gauche du 3ᵉ escadron exécute un *A-*

droite. Toutes les autres divisions exécutent un *Demi-tour par trois*. La division voisine de la base (*la division de droite du 3ᵉ escadron*), après le *Demi-tour par trois*, converse à droite, se porte en avant, et, quand elle a dépassé la ligne d'une longueur de cheval, elle s'arrête et fait face en tête par un *Demi-tour par trois*.

Les autres divisions, après le *Demi-tour par trois*, exécutent un *Demi-à-droite*, se portent sur la nouvelle ligne, en se retirant par une marche en échelons, et se remettent face en tête par un *Demi-tour par trois*, lorsqu'elles l'ont dépassé.

Ce mouvement est plus compliqué que le nôtre; nos changements de front, du reste, sont d'une simplicité bien plus grande, en ce qu'ils reposent tous sur une unité de principe, à savoir :

Un à-droite (ou *un à-gauche*) *par pelotons*, suivi d'une formation en bataille soit *sur la tête*, soit *sur la queue*, soit *sur le centre*, selon que le changement de front doive avoir lieu : *en avant, en arrière, ou sur le centre de la ligne.*

5ᵉ MOUVEMENT.

936. *Le régiment étant en bataille, changer de front sur un escadron du centre pour faire face à droite ou à gauche.*

Le mouvement s'exécute suivant les principes prescrits précédemment, la partie de la troupe placée à gauche de la division de base se conformant à ce qui est prescrit pour un *Changement de front sur l'aile droite*, et la partie de la troupe, placée à la droite de cette division, se conformant à ce qui est prescrit pour un *Changement de front en arrière sur l'aile gauche*.

6ᵉ Mouvement.

940. *Le régiment étant en bataille, le porter en avant par échelons.*

Le premier escadron se porte en avant, et les autres successivement, lorsqu'ils ont entre eux et l'escadron qui les précède une distance égale au front, plus un intervalle d'escadron en bataille.

On reforme les escadrons en ligne sur un échelon quelconque : les escadrons qui sont en avant de celui désigné comme base se retirent par un *Demi-tour par trois* pour se porter en ligne.

On peut arrêter la marche en échelons, pour former une ligne de bataille dans une direction quelconque, même dans une *direction oblique*.

Dans ce dernier cas, au commandement : *Formez la ligne obliquement à gauche*, les escadrons exécutent chacun une conversion à gauche d'un degré suffisant, et s'avancent dans cette nouvelle direction, prenant leur alignement et leurs intervalles sur l'escadron désigné comme base.

7ᵉ Mouvement.

952. *Le régiment étant en bataille, exécuter une marche rétrograde par échelons.*

La retraite en échelons, au lieu de se faire par un *Demi-tour par pelotons*, comme chez nous, se fait par un *Demi-tour par trois*.

La retraite s'exécute également par escadrons alternés, ce qui représente alors une figure qu'on appelle *échiquier*.

Les escadrons pairs se retirent par un *Demi-tour par trois*, marchent environ cent mètres, s'arrêtent et font face en tête; alors les escadrons impairs se retirent à leur tour par un *Demi-tour par trois*, s'avancent jusqu'à ce qu'ils aient dépassé les escadrons pairs de cent mètres, s'arrêtent et font face en tête. Le mouvement continue ainsi jusqu'à ce que l'ordre soit donné de former la ligne sur un des escadrons.

L'officier qui commande peut, à la volonté, régler la marche des échelons par des signaux de trompette; mais il est de règle invariable que la ligne qui est en avant ne doit jamais faire demi-tour avant que la ligne qui se retire soit arrêtée et ait fait face.

La retraite en échiquier ne présente pas, pour des troupes de cavalerie, un avantage aussi grand que pour des troupes d'infanterie.

L'infanterie fait usage de ses feux en se retirant; mais la cavalerie, qui ne peut arrêter l'ennemi que par ses charges, doit toujours, en principe, se retirer dans un ordre qui lui permette de former une ligne de bataille le plus promptement possible dans tous les sens, afin de pouvoir, dans un moment donné, repousser un effort de l'ennemi sur un point quelconque, en lui présentant le plus grand front possible.

Or, *l'ordre en échiquier* dissémine les escadrons, sans leur laisser la facilité de reformer rapidement une ligne de bataille.

L'ordre en échelons, au contraire, permet, en refusant le centre ou l'une des ailes, de conserver la facilité de former une ligne de bataille dans quelque direction que ce soit. C'est donc probablement avec intention que notre ordonnance n'a pas parlé de *l'ordre en échiquier*, qui est loin de présenter les mêmes avantages que l'ordre en échelons.

L'ordre en échelons est une des formations les plus avantageuses que puisse prendre la cavalerie pour l'attaque dans certaines circonstances.

8ᵉ Mouvement.

964. *Le régiment étant en bataille, passer la ligne en avant, et le former en avant en bataille.*

Le passage de la ligne en avant s'exécute en colonnes *par trois*.

Il est dangereux de se présenter devant l'ennemi sur un si petit front, et d'exécuter, à la portée de ses feux, une formation dont la régularité est subordonnée à l'intelligence des individus, et dont l'exécution est d'autant plus difficile que le numérotage des files est plus compliqué. Ce mouvement est donc défectueux.

9ᵉ Mouvement.

966. *Passage de la ligne en arrière.*

Le passage de la ligne en arrière s'exécute, comme le passage de la ligne en avant, par un mouvement *par trois*. Chaque escadron rompt *Par trois en arrière par la droite.*

Le passage de la ligne en avant et le passage de la ligne en arrière sont des mouvements qui ont pour but de permettre à une troupe qui a souffert de se faire remplacer en première ligne par une autre troupe.

La ligne, à travers les intervalles de laquelle on passe, doit toujours être *de pied ferme*; il ne pourrait guère en être autrement, car les intervalles des escadrons en bataille sont à peine suffisants, de pied ferme, pour laisser le libre passage des colonnes qui se retirent sur un front de peloton; si la ligne était en marche, dans le flottement qui résulte toujours d'une marche en bataille, ces intervalles se resserreraient et ne donneraient plus passage à la troupe qui se retire.

Près de l'ennemi, il vaut mieux faire exécuter un passage de ligne en avant qu'un passage de ligne en arrière ; ce dernier mouvement a pour inconvénient de tourner le dos à l'ennemi et de masquer momentanément la seconde ligne.

Il serait même très-dangereux de permettre à une ligne qui vient de charger, et qui est plus ou moins désorganisée, de se rejeter en arrière sur une seconde ligne, pour s'effacer par ses intervalles ; ce mouvement se ferait nécessairement avec beaucoup de précipitation et de désordre et entraînerait infailliblement la seconde ligne.

Dans une charge sur plusieurs lignes, il est donc de toute nécessité que la ligne qui vient de fournir sa charge se retire le long des flancs par les ailes, de manière à dégager entièrement la seconde ligne qui s'avance, et il serait de la dernière imprudence de faire retirer cette première ligne désorganisée par les intervalles des autres lignes.

RÉSUMÉ CRITIQUE.

L'étude de comparaison que nous venons de faire entre les évolutions françaises et anglaises nous démontre que, de même que nous ne possédons pas tous les moyens d'évoluer détaillés dans l'ordonnance anglaise, de même aussi cette ordonnance ne possède pas tous les nôtres.

Les Anglais, comme on a pu le voir, fuient autant qu'ils le peuvent *les inversions*, et lorsque le cas les oblige de former une ligne intervertie, ils font les mouvements les plus bizarres et les plus compliqués pour éviter l'inversion des divisions dans les escadrons : aussi possèdent-ils peu de formations dans *l'ordre inverse;* leur ordonnance n'indique donc aucun moyen pour exécuter les mouvements suivants de nos évolutions :

1. *Le régiment étant en colonne avec distance, le former sur la queue de la colonne face en arrière ordre inverse en bataille.*

2. *Le régiment étant en colonne avec distance, le former sur la tête de la colonne face en arrière ordre inverse en bataille.*

3. *A droite, ordre inverse en bataille.*

4. *A droite et sur la tête de (tel) escadron, face en arrière, ordre inverse en bataille.*

5. *Le régiment étant en colonne serrée, le déployer dans l'ordre inverse.*

6. *Le régiment étant en bataille, changement de front dans l'ordre inverse.*

Les Anglais forment la colonne serrée sans changer de front, mais ils n'indiquent aucun moyen de la former pour faire *Face à droite ou à gauche.*

Le régiment étant en colonne serrée, ils ne parlent pas non plus de le déployer en échelons et de le reformer en ligne.

On ne trouve dans la théorie anglaise aucune indication pour les passages de défilés *en avant et en arrière.*

Enfin on trouve, dans l'exécution de détail de la plupart des évolutions anglaises, des principes très-vicieux : *les marches de flanc et rétrogrades par trois*, par exemple, dont les désavantages ont été signalés plus haut.

C'est à peine s'il est donné quelques renseignements sur le service des tirailleurs, et l'on ne parle nulle part des charges en fourrageurs.

A côté de ces lacunes et de ces imperfections, nous trouvons cependant des mouvements et des principes qui, négligés dans notre ordonnance, peuvent nous servir d'indications utiles pour apporter dans notre méthode des améliorations et des changements.

Quoique l'instruction *individuelle* du cavalier ne soit pas séparée de l'instruction *d'ensemble*, nous trouvons dans *l'équitation militaire anglaise* d'excelents modèles pour l'instruction des hommes et des chevaux.

Dans les mouvements d'ensemble, nous retrouvons également d'excellents principes, tels que :

Les alignements et les directions pris sur le centre.

Les formations en bataille et les déploiements des colonnes serrées, exécutés dans une direction oblique au front.

Les changements de front obliques en arrière sur les ailes et sur le centre.

La formation en ligne des échelons, sur un escadron quelconque, au lieu de la faire toujours sur l'escadron le plus avancé.

La formation d'une ligne de bataille oblique, étant dans l'ordre en échelons à distance entière, etc.

L'ordonnance anglaise donne enfin le détail de la formation de la colonne double et des différents déploiements de cette colonne.

Le régiment étant en bataille, former la colonne double en avant du centre.

Le deuxième escadron se porte en avant, chacune des divisions de cet escadron prenant de suite entre elles, par un oblique, un intervalle de deux longueurs de cheval; les divisions du 1er escadron conversent à gauche, celles du 3e conversent à droite, et entrent successivement en colonne derrière celles du 2e escadron.

La double colonne se forme également en arrière du centre.

Les deux divisions du centre (celles du 2ᵉ escadron) se portent à trois longueurs de cheval en avant, en prenant leur intervalle par un oblique. Les autres divisions viennent se placer en colonne derrière ces deux premières, par une marche de flanc par trois.

Le régiment étant en colonne double, le former en avant en bataille.

Les deux divisions du centre (qui sont en tête de la colonne) avancent de trois longueurs de cheval, en resserrant leur intervalle. Les divisions de la colonne de droite exécutent un *Demi-à-droite*; celles de la colonne de gauche exécutent un *Demi-à-gauche*, et s'avancent ainsi en échelons vers la place qu'elles doivent occuper en ligne, se conformant à ce qui est prescrit pour l'*En avant en bataille*.

Le régiment étant en colonne double, le former en bataille à droite.

Les divisions de la colonne de droite conversent à droite et se mettent en ligne. Les divisions de la colonne de gauche se portent en avant, longent les derrières de la ligne déjà formée, et se forment successivement par le mouvement *Sur la droite en bataille*.

La colonne double gagne du terrain en arrière ou vers l'un de ses flancs par les mouvements *par trois*.

Nous employons la colonne double accidentellement dans le passage du défilé en avant.

L'examen de l'ordonnance anglaise, tout en nous donnant la conviction complète de notre supériorité tactique, nous fournit d'excellentes indications pour réformer quelques-unes de nos imperfections et innover même certains mouvements qui nous font défaut. Car, il faut le dire, si nous voulons marcher dans la voie du perfectionnement où nous ont précédés depuis longtemps l'infanterie et l'artillerie, il nous faut commencer les réformes utiles par le remaniement de nos règlements.

L'ordonnance sur l'exercice et les évolutions de la cavalerie compte plus de trente années d'existence, et pendant ce laps de temps tout a progressé autour d'elle. — *Sans attaquer les principes que cette ordonnance consacre, et le mérite de ses auteurs, il est nécessaire de tenir compte de la marche du temps et des nécessités nouvelles que la longue portée des armes à feu impose à la tactique des armées* (1). Il devient donc urgent d'appliquer aujourd'hui, à des institutions qui ont vieilli, des réformes indispensables.

Ce travail n'est pas sans difficultés et demande beaucoup de soins et d'étude; aussi devons-nous tous, selon nos forces, forts et faibles, rassembler tous les matériaux nécessaires à la construction du nouvel édifice.

Tous nos efforts doivent tendre constamment à ce but : *Perfectionner l'organisation de la cavalerie*. Pour cela, rien ne saurait être négligé; on ne saurait réu-

---

(1) Extrait du rapport adressé à l'Empereur, le 8 avril 1862, par S. Exc. le maréchal Randon, ministre de la guerre.

nir trop d'éléments de comparaison et de discussion, et la meilleure étude que l'on puisse faire en ce sens, c'est l'étude raisonnée et approfondie de toutes les cavaleries contemporaines.

FIN.

INDEX.

	Pages.
PRÉFACE.	1
INTRODUCTION.	5
PREMIÈRE PARTIE. — Considérations générales	41
§ I. Équitation militaire.	43
§ II. École du cavalier à pied.	57
§ III. École de division et d'escadron.	67
DEUXIÈME PARTIE. — Comparaison des évolutions de régiment françaises et anglaises.	77
§ I. De l'ordre en colonne avec distance.	81
§ II. De l'ordre en colonne serrée.	95
§ III. De l'ordre en bataille.	105
RÉSUMÉ CRITIQUE.	125

PARIS. — IMPRIMERIE DE COSSE ET J. DUMAINE, RUE CHRISTINE, 2.

www.ingramcontent.com/pod-product-compliance
Lightning Source LLC
Chambersburg PA
CBHW060152100426
42744CB00007B/1005